W0321820

77 REZEPTE

GUNDEL

NEUES UNGARISCHES KOCHBUCH

77 REZEPTE

GUNDEL

NEUES UNGARISCHES KOCHBUCH

GUNDEL

NEUES UNGARISCHES KOCHBUCH

FRAGMENTE AUS DEM GÄSTEBUCH DES GUNDEL

Johann Paul II.

Árpád Göncz

Roman Herzog

Sir George Solti

Hillary Rodham Clinton

Königin
Elisabeth II.

Marcel Vertès

Prinz Philip

Kálmán Kalla

Gundel

NEUES UNGARISCHES KOCHBUCH

mit einer Einführung von

Georg Láng

Herausgegeben von

Zoltán Halász

Pallas Stúdió

Rezepte:
KÁLMÁN KALLA

Herausgegeben und Texte von
ZOLTÁN HALÁSZ

Fotos:
LÁSZLÓ CSIGÓ

Deutsche Übersetzung:
HANNELORE SCHMÖR

Buchgestaltung:
FERENC SKOLLÁR

Mit Anwendung der Ornamente des Dover
Publications Inc., New York, The Enschedé Catalog Typographic
Borders and Ornaments, 1986 gebraucht

Einführung

Wer dieses Buch erblickt, mag sich im ersten Augenblick verwundert fragen „Wozu denn noch ein Kochbuch? Wird denn tatsächlich ein neues Kochbuch gebraucht? Und noch dazu ein neues Gundel-Kochbuch?"

Diese Frage haben auch wir – Kálmán Kalla, der Meisterkoch des Gundel, und sein Team, der Kulturhistoriker und Gastronom Zoltán Halász und meine Wenigkeit – uns gestellt, und wir sind nach gründlicher Überlegung zu dem Schluß gekommen, daß es tatsächlich notwendig ist, ein neues Kochbuch zu schreiben und zu veröffentlichen.

Ich will einige Grunde dafür nennen:

Jedes Restaurant hat das Kochbuch, das es verdient. Wir meinen, daß wir ein Kochbuch erarbeiten sollten, in dem die Rezepte jener Gerichte zu finden sind, die das wiedererstandene Restaurant Gundel so beliebt machen.

Wir haben uns bemüht, traditionelle, ausgezeichnete Gerichte der ungarischen Küche auszuwählen und sie mit den feinen Geschackskomponenten der heutigen Zeit, die von den Meisterköchen des Gundel in den letzten sechs Jahren seit der Neueröffnung des Restaurants entwickelt wurden, zu kombinieren.

In der Zeit vor dem Zweiten Weltkrieg spielten die klassischen Gundel-Rezepte, die Károly Gundel und seine Chefköche kreierten, auf den Speisekarten der ungarischen Gaststätten eine wichtige Rolle. Die neue Generation der neueren Zeit verlangt jedoch nach einer modernisierten Kochkunst. Sie wünscht sich Gerichte, die Magen und Geist harmonisch aufeinander abstimmen.

Ein praktisches Kochbuch hat den Zweck, eine Kochanleitung zu vermitteln und zugleich als angenehme Lektüre zu unterhalten. Es sollte keine extravaganten Rezepte mit ungenauer Beschreibung enthalten, vielmehr allgemein verständlich und gut zu gebrauchen sein. Wer nach dem Kochbuch kochen will, dem sollte es helfen, bei der Zubereitung der Gerichte anhand der Rezepte alle möglichen Mißgriffe zu vermeiden. Ein gutes Kochbuch darf nicht voraussetzen, daß derjenige, der irgendeine Speise aus dem Buch nach dem angegebenen Rezept zubereitet, das Gericht zuvor schon einmal gekostet hat. Und es kann auch nicht von ihm verlangen, daß er über das Fachwissen eines professionellen Küchenmeisters verfügt.

Es war schon immer meine Meinung, daß ein Kochbuch mit ungenauen Rezepten nur ein Bibel für einfältige sein kann. Leider gibt es nur wenige Chefköche, die zuverlässige Rezepte angeben. Und noch geringer ist die Zahl jener, deren Rezepte auch ein Genuß sind. Der mit der Goldenen Mütze und dem Europa-Preis ausgezeichnete Meisterkoch Kálmán Kalla ist hingegen allgemein dafür bekannt, daß er seine Rezepte so genau wie ein Arzneimittelrezept formuliert und darüberhinaus viele Neuigkeiten und Informationen vermittelt. Alle Einzelheiten werden von ihm ganz präzise angegeben.

Heute kann ich dem Leser nun erfreut mitteilen, daß er die Gerichte von Kálmán Kalla nicht mehr nur (wie die Könige, Königinnen, Staatsoberhäupter und weltberühmte Persönlichkeiten, die in den letzten Jahren im Gundel zu Gast waren...) im Restaurant Gundel genießen kann. Mit diesem Kochbuch erhält er Gelegenheit, die einzelnen Speisen auch zu Hause selbst zuzubereiten. Wir glauben, das allein ist Grund genug, das „Moratorium" für die Publikation neuer Kochbücher aufzuheben und die Ausgabe „Gundel, Neues Ungarisches Kochbuch" zu veröffentlichen.

Und abschließend noch ein Geständnis: Wir hatten auch den Mut, einige Gerichte wegzulassen, die in den letzten Jahrzehnten populärer wurden, als sie es verdient hätten.

Ich bin überzeugt, daß sich Onkel Gundel, würde er zu uns zurückkehren und die Rezepte lesen, glücklich die Serviette in der Kragen steckte und aus vollem Herzen genösse, daß es ein Leben nach der Wiedergeburt – vor allem nach der Wiedergeburt der ungarischen Küche – gibt.

Zum Gedenken an jene, die die zauberhafte Vergangenheit des Restaurant Gundel geschaffen haben, erhebe ich mein Glas (selbstverständlich gefüllt mit Wein vom Lauder-Lang-Weingut) und grüße die Championmannschaft des heutigen Gundel, die die Gegenwart und Zukunft des Restaurants erschafft.

Allgemeine Hinweise

Die in diesem Band zusammengetragenen klassischen Gundel-Rezepte sind in einzelnen Fällen – natürlich unter Bewahrung ihres Originalcharakters – den Erfordernissen unserer Zeit angepaßt worden. Das heißt, die Gerichte wurden leichter, und vor allem bei Fleisch und Gemüse haben wir auf das übermäßige Dünsten verzichtet.

Die in den Rezepten angegebenen Zutaten sind immer in küchenfertigem Zustand zu verstehen. Im allgemeinen werden die einzelnen Arbeitsgänge der Vorbereitung (Säubern, Putzen, Schälen usw.) nicht beschrieben. Nur wo es begründet oder für die Zubereitung besonders wichtig erscheint, sind diese Arbeitsgänge genauer angeführt (z. B. Spargelschälen, Tomatenschälen u.ä.).

Auf die zu den Hauptgerichten passenden Beilagen und Soßen wird bei den Rezepten nur verwiesen, die genaue Beschreibung ihrer Zubereitung kann in dem Kapitel „Soßen und Beilagen“ nachgeschlagen werden.

Zum Würzen empfehlen wir den farbintensiven und aromareichen Gundel-Delikateßpaprika aus Kalocsa, mit dem die besten Gundel-Geschmackskomponenten erzielt werden.

Masseinheiten

1 Eßl. (Eßlöffel)
15 ml
Wenn nicht anders angegeben, ist in den Rezepten mit „Eßl." immer ein „gestrichener Eßlöffel" gemeint.

1 Teel. (Teelöffel)
5 ml

1/2 Teel. (Teelöffel)
2 ml

1/4 Teel. (Teelöffel)
1 ml
Wenn nicht anders angegeben, ist in den Rezepten mit „Teel." immer ein „gestrichener Teelöffel" gemeint.

1 Tasse
250 ml (1/4 l)

1/2 Tasse
125 ml (1/8 l)

1/3 Tasse
80 ml

1/4 Tasse
60 ml

1/8 Tasse
30 ml

Kalte Vorspeisen

Gundel-Salat

Für 4 Personen

Zutaten

400 g Champignons, gewaschen und gesäubert
Salz, weißer Pfeffer, frisch gemahlen
Saft von 1 Zitrone
2 Eßl. Balsamessig
2 Eßl. heller Weinessig
1 Teel. Puderzucker
4 Eßl. Olivenöl
1 Eßl. Worcestersauce
2 Eßl. Petersilie, feingewiegt
4 Paprikaschoten (gelb)
Öl zum Braten
400 g gebleichter Spargel
1 Stück Würfelzucker

200 g grüne Bohnen
1 Messerspitze Natron
400 g Tomaten
200 g Schlangengurken
2 Köpfe Salat
200 g Feldsalat (Rapünzchen)

Zubereitung

Die Champignons in Scheiben schneiden, in eine Schüssel von 2 Liter Fassungsvermögen geben, salzen, pfeffern, Zitronensaft, Balsamessig, Weinessig, Puderzucker, Olivenöl, Worcestersauce und Petersilie zufügen. Alles vorsichtig verrühren, damit die Champignonscheiben nicht zerbrechen, und 2–3 Stunden in den Kühlschrank stellen.

In der Marinade werden die Champignons im Kühlschrank weich. Der entstehende gewürzte Champignonsaft kann als Dressing verwendet werden.

Die Paprikaschoten in der heißen Röhre backen oder in reichlich Öl braten, in Papierservietten wickeln und 10 Minuten rasten lassen. Dann die aufgeplatzte Schale abziehen und den Samenstand entfernen. Die gebratenen Paprikaschoten auf einen Teller legen und mit ein paar Löffel Champignondressing beträufeln.

Vom unteren Ende des Spargels 1–2 cm abschneiden, die Spargelstangen mit dem Spargelmesser von oben nach unten dünn schälen, in etwa 4 cm lange Stücke schneiden und in leicht gesalzenem und mit dem Würfelzucker gesüßten Wasser bei schwacher Hitze 12 Minuten dünsten. Im Kochwasser abkühlen lassen (ausführliche Beschreibung der Spargelzubereitung s. S. 14).

Die geputzten und in 4 cm lange Stücke geschnittenen grünen Bohnen in leicht gesalzenem Wasser, unter Zugabe von

1 Messerspitze Natron (damit die Bohnen ihre schöne grüne Farbe behalten) ein paar Minuten dünsten und ebenfalls im Kochwasser abkühlen lassen.

Die Tomaten kurz in sprudelnd heißes Wasser geben, unter kaltem Wasser abspülen, schälen, in Achtel schneiden und die Kerne entfernen.

Die Schlangengurken der Länge nach halbieren, mit einem Löffel die Kerne entfernen und die Gurkenhälften in Scheiben schneiden. In eine Schüssel geben, leicht salzen und mit ein paar Löffel Champignondressing verrühren.

Die gewaschenen und gut abgetropften Kopfsalatblätter in gleichgroße Stücke zupfen.

Den Feldsalat waschen und abtropfen lassen.

Servieren

Auf gekühlte Salatteller jeweils etwas von den zerzupften Kopfsalatblättern geben und mit Champignondressing beträufeln. Darauf ringsherum die übrigen gekühlten Salatzutaten verteilen, so daß die verschiedenen Farben im Wechsel angeordnet sind.

Die gebratene Paprikaschote jeweils im ganzen auf den Salat legen.

Zum Schluß mit der restlichen Champignon-Salatsoße beträufeln.

Seit der Geburt des berühmten Gundel-Salats ist mehr als ein halbes Jahrhundert vergangen, und ich habe vorsichtig versucht, das Rezept dem veränderten Geschmack unserer Zeit anzupassen: die Champignons werden zum Beispiel nicht mehr gedünstet, damit ihr Aroma in seiner ganzen Natürlichkeit zur Geltung kommen kann.

Kalter Grünspargel mit Gribiche-Soße

Für 4 Personen

Zutaten

1 kg Grünspargel, 10-15 mm dicke Stangen
1 Teel. Salz
1 Messerspitze Natron
4 Portionen Gribiche-Soße (s. S. 176)

Zubereitung

Vom unteren Ende des Grünspargels 1-2 cm abschneiden, eventuell auch mehr, wenn das Stangenende beim Schneiden sehr hart ist und holzig erscheint.

Den Spargel mit einem speziellen Spargelmesser schälen. Dabei den Spargel unterhalb des Kopfes zwischen Zeigefinger und Daumen halten und die Spargelstange mit dem Handgelenk stützen, damit sie beim Schälen nicht bricht. Mit der scharfen Klinge des Spargelmessers 6-7 cm unterhalb des Kopfes in die Schale des Spargels schneiden und so von oben nach unten die holzigen Teile in Streifen abziehen.

Die abgezogene Schale sollte nicht dicker als 1 mm sein. Den Spargel dabei mit den Fingern immer etwas weiter drehen, so daß die Stange ringsherum schön gleichmäßig geschält wird. Von der holzigen Schale darf auch nicht der dünnste Streifen am Spargel bleiben.

Einen Topf auswählen, in dem die Spargelstangen liegend Platz haben. Darin zunächst 4 Tassen Wasser mit Salz und Natron aufkochen. Die geputzten Spargelstangen in das siedende Wasser geben und 1 Minute dünsten. Mit einer Schaumkelle aus dem Wasser heben und 2 Minuten in kaltes Wasser geben. Sind die Spargelstangen abgekühlt, in ein feuchtes Tuch wickeln und in den Kühlschrank legen.

Servieren

Den gedünsteten, kalten Spargel in gleichlange Stücke (etwa 13 cm) schneiden. Auf 4 Tellern verteilen, so daß die Spargelköpfe alle nach einer Seite ausgerichtet sind, oder auch in einer größeren Schüssel auf den Tisch bringen.

Die Gribiche-Soße gesondert in der Sauciere zum Spargel reichen.

Beim Vorlegen die Soße so über den Spargel geben, daß die Spargelköpfe nicht bedeckt sind.

Anmerkung: Der so zubereitete Spargel kann warm mit Soßen, Braten oder Parmesankäse und auch kalt mit Schinken, Lachs oder Soßen gereicht werden.

Kalter gebleichter Spargel mit Räucherlachs und Vinaigrette

Für 4 Personen

Zutaten

1 kg gebleichter Spargel, 10-15 mm dicke Stangen
1 Teel. Salz, ½ Teel. Zucker
200 g Räucherlachs, in dünne Streifen geschnitten
1 Tasse Vinaigrette (s. S. 176)

Zubereitung

Den Spargel sehr gründlich putzen, wenn er nicht gut geschält wird, verderben wir das ganze Gericht, und es wird ungenießbar.

Vom unteren Ende des Spargels 1-2 cm abschneiden, je nachdem, wie holzig das Spargelende ist. Mit einem speziellen Spargelmesser läßt sich der Spargel am leichtesten schälen. Den Spargel unterhalb des Kopfes zwischen Zeigefinger und Daumen halten und die Spargelstange mit dem Handgelenk stützen, damit sie beim Schälen nicht bricht. Mit der scharfen Klinge des Spargelmessers 3-4 cm unterhalb des Kopfes in die Schale des Spargels schneiden (höchstens 1 mm tief) und so von oben nach unten die holzigen Teile in Streifen abziehen. Den Spargel dabei mit den Fingern immer etwas weiter drehen, so daß die Stange ringsherum schön gleichmäßig geschält wird. Von der holzigen Schale darf auch nicht der dünnste Streifen am Spargel bleiben.

Die geputzten Spargelstangen in einen Topf legen, in dem sie liegend Platz haben. Mit 4 Tassen Wasser begießen, Salz und Zucker zufügen, aufkochen lassen und bei mittlerer Hitze 12 Minuten dünsten. Vom Feuer nehmen und bis zum Servieren im Kochwasser lassen.

Der so zubereitete Spargel kann warm mit Soßen, Fleisch oder Fisch und auch kalt mit kalten Soßen, Schinken oder Lachs gereicht werden.

Servieren

Den abgekühlten Spargel mit einer Schaumkelle aus dem Kochwasser heben und gut abtropfen lassen oder abtupfen.

In gleichlange Stücke (etwa 13 cm) schneiden und auf 4 Tellern verteilen, so daß die Spargelköpfe alle nach einer Seite ausgerichtet sind. Daneben die Lachsstreifen anrichten.

Die Vinaigrette so über den Spargel geben, daß die Spargelköpfe nicht bedeckt sind.

Auf Anregung von Georg Láng, der den Spargel für die Königin der Gourmandise hält, wird dieses Gericht im Restaurant Gundel ausschließlich im Frühjahr von frisch gestochenem Spargel zubereitet. Es sei auch den Lesern und Benutzern dieses Kochbuches ans Herz gelegt, daß dieses Rezept nur von frischem Spargel wirklich gelingt.

Forelle in Salbeisoße mit Kartoffelsalat

Für 4 Personen

Zutaten

4 Forellenfilets mit Haut (400 g)
Saft von 1/2 Zitrone
Salz
1 Eßl. Petersilie, feingewiegt
1 Eßl. Dill, feingewiegt
1 Eßl. Salbeiblätter, feingewiegt
Öl zum Braten

Für den Kartoffelsalat

400 g Salatkartoffeln, in der Schale gekocht und gepellt
1/3 Tasse heller Weinessig
3 Eßl. Zucker
1 Eßl. Petersilie, feingewiegt, Salz
weißer Pfeffer, frisch gemahlen
2 Eßl. Olivenöl
1/3 Tasse Porree, in dünne Ringe geschnitten
1 kleiner Kopfsalat zum Garnieren
1 Tasse kalte Salbeisoße (s. S. 178)

Zubereitung

Forellen

Die Forellenfilets mit der Haut nach unten auf eine Platte legen. Die fleischige Seite der Filets mit Zitronensaft beträufeln, ein wenig salzen und mit den Gewürzen bestreuen. Die Filets am Schwanzende anheben und so einschlagen, daß $^{2}/_{3}$ der Hautseite nach oben zeigen.

Die eingeschlagenen Filets etwas andrücken und mit der Bratschaufel in eine leicht geölte Pfanne nebeneinander legen. In der Röhre bei 150–160 °C 15 Minuten braten, dann auf Zimmertemperatur abkühlen lassen.

Die Haut abziehen und die Ränder der Filets gerade schneiden.

Kartoffelsalat

Die gepellten Kartoffeln mit einem Wellenmesser in 4–5 mm dicke Scheiben schneiden.

In eine 2-Liter-Schüssel $1^{1}/_{2}$ Tassen Wasser füllen und die angegebenen Salatzutaten darin verrühren. Wenn sich der Zucker aufgelöst hat, die Kartoffelscheiben hineingeben. Ein paar Stunden im Kühlschrank durchziehen lassen, damit die Kartoffeln die gewürzte Marinade aufsaugen können.

Servieren

Die eine Hälfte der Teller mit 2-3 Salatblättern auslegen und den Kartoffelsalat darauf verteilen.

Vor den Kartoffelsalat je 1 Forellenfilet geben und daneben je 1 Eßl. Salbeisoße.

Die übrige Soße in einer Sauciere reichen.

Das Gericht ist eine Kreation von János Gundel und gehört zum Mikszáth Menü, bei dem alle Gänge auf eine Niederschrift von Kálmán Mikszáth verweisen.

Karpfensülze mit Zandernockerln

Für 4 Personen

Zutaten

Für die Sülze

1,5 kg Karpfenköpfe und -gräten
500 g Gräten vom Zander
1 scharfe Paprikaschote
300 g Zwiebeln, in Ringe geschnitten
100 g grüne Paprikaschoten
50 g Tomaten
4 Teel. Gewürzpaprika
1 Teel. Salz, 4 Eiweiß

Für die Zandernockerln

1 altbackene Semmel,
geschält und in Wasser geweicht

150 g Zanderfilet
1 Eiweiß, Salz
weißer Pfeffer, frisch gemahlen
2 Zitronen

Zubereitung

In einem 5-Liter-Topf die Fischgräten und -köpfe in 3 l Wasser mit der scharfen Paprikaschote, den Zwiebeln, grünen Paprikaschoten, Tomaten, Paprikagewürz und Salz zum Kochen ansetzen und 2 Stunden schön langsam kochen lassen.

Die Fischbrühe auf 1/3 einkochen und durch ein Leintuch seihen.

Zandernockerln

Die eingeweichte Semmel mit der Hand gut ausdrücken und zusammen mit dem Zanderfilet, dem Eiweiß, Salz und Pfeffer mit der Küchenmaschine pürieren. Die Fischbrühe in einem 2-Liter-Topf aufkochen. Aus der Zandermasse mit 2 Teelöffeln kleine Nockerln formen und 5 Minuten in der Fischbrühe ziehen lassen. Mit einem Schaumlöffel herausheben. Nockerln und Fischbrühe abkühlen lassen.

Die 4 Eiweiß verquirlen und unter die lauwarme Fischbrühe rühren. Aufkochen lassen und bei schwacher Hitze 10 Minuten köcheln. Dann die Brühe durch ein Leintuch seihen und entfetten. Den Topf in Eiswürfel stellen und die Brühe unter langsamem Rühren abkühlen lassen, aber nur so weit, daß sie noch nicht geliert.

Auf einen kleinen Teller 2 Eßl. Fischbrühe geben und als Sülzprobe 1/2 Stunde in den Kühlschrank stellen. Wenn die Sülze nicht genügend fest wird, 10-20 g Gelatine in 1 Tasse Fischbrühe aufkochen und unter die übrige Fischbrühe rühren.

Zum Schluß die Zandernockerln in eine gekühlte Fischform oder eine andere dekorative Sülzform geben und die Fischbrühe darübergießen, so daß die ganze Form ausgefüllt wird. In den Kühlschrank stellen und erstarren lassen (mindestens 3-4 Stunden).

Servieren

Die Sülzform einen Augenblick in warmes Wasser tauchen und die Sülze auf eine Platte stürzen. Mit Zitrone garniert anrichten.

Imre Gundel zitierte dieses Gericht in seinem Buch „Über Gastronomie und die Gundel-Dynastie" unter dem Namen „Gesülzter Karpfen à la Gundel". Doch auch er konnte nicht mehr feststellen, wer dieses ausgezeichnete Gericht kreiert hatte. Trotzdem können wir getrost sagen, wer immer es gewesen ist, er war vom Geist des Károly Gundel inspiriert!

Dünn aufgeschnittener Bauernschinken mit Birnen und Schafskäsesalat

Für 4 Personen

Zutaten

1/4 Tasse rote Paprikaschoten,
in 5 mm große Würfel geschnitten
1/4 Tasse grüne Paprikaschoten,
in 5 mm große Würfel geschnitten
1/4 Tasse gelbe Paprikaschoten,
in 5 mm große Würfel geschnitten
Salz
weißer Pfeffer, frisch gemahlen
2 Eßl. Olivenöl
200 g Schafsweißkäse, gewürfelt

50 g Trappistenkäse
4 mittelgroße reife Birnen
200 g Bauernschinken,
in dünne Scheiben geschnitten

Zubereitung

In einer Schüssel von 1 Liter Fassungsvermögen die Paprikawürfel mit Salz, Pfeffer, Olivenöl und schließlich dem Schafskäse vermengen und 1/2 Stunde stehen lassen.

Den Trappistenkäse in 12 Streifen von 0,3 cm Dicke, 1 cm Breite und 7 cm Länge schneiden.

Einen Teller in Fächerform mit 3 Käsestreifen belegen, so daß die Ende nebeneinander (und nicht übereinander) liegen. Im Mikrowellenherd 45-50 Sekunden backen. Der Käse schmilzt, wird ein wenig braun und zerläuft auf dem Teller. Mit einem Spachtel den geschmolzenen Käse vom Teller heben und auf Küchenpapier geben. Nach 1-2 Minuten wird der Käse fest und zu knusprigem Käsechips. 4 solche Käsechips zubereiten.

Die Birnen schälen, halbieren und vom Kernhaus befreien. 4 Birnenhälfte an der Unterseite etwas schräg abschneiden, damit sie wie auf einem schrägen Sockel auf dem Teller stehen.

Servieren

Die auf 4 Teller gestellten Birnenhälften mit dem Paprika-Schafskäse-Salat füllen und auch davor Salat anhäufen. Vor dem Salat die Schinkenscheiben anordnen.

Die anderen Birnenhälften auf die gefüllten Birnenhälften aufsetzen, obenauf mit dem Messer 3 cm tief einschneiden und die Käsechips in die Einschnitte stecken.

Csekonics-Salat

Für 4 Personen

Zutaten

500 g Hühnchenbrust,
ohne Haut und Knochen
Salz, weißer Pfeffer, frisch gemahlen
1 Teel. Gewürzpaprika
1 Teel. Sonnenblumenöl
120 g Süßwasserkrebsfleisch, gekocht
400 g Tomaten
2 Kopf Salat
200 g Mayonnaise
Salz, Cayennepfeffer
1 Teel. in Essig eingelegte Estragonblätter,
feingewiegt
2 Teel. Estragonessig

1 Teel. Worcestersauce
100 g Schlagsahne
1 Zitrone, geviertelt

Zubereitung

Die Hühnchenbrust salzen, pfeffern und mit Öl bestreichen, in dem zuvor der Gewürzpaprika verrührt wurde.

In eine Pfanne geben und in der Röhre bei 150 °C 40 Minuten braten. Dann in Scheiben schneiden. 16 schöne kleine Scheiben bis zum Anrichten beiseite stellen, das übrige Fleisch in Streifen schneiden.

12 schöne Stücke vom gekochten Krebsfleisch ebenfalls beiseite stellen, das übrige in Streifen schneiden und zusammen mit den Hühnchenfleischstreifen in eine Salatschüssel von 2 Liter Fassungsvermögen geben.

Die Tomaten überbrühen, schälen, achteln und die Kerne entfernen.

Den Kopfsalat waschen, gut abtropfen lassen, ein paar schöne Blätter beiseite legen, die übrigen in gleichgroße Stücke zupfen und in der Schüssel mit dem Hühnchen- und dem Krebsfleisch vermengen.

Die Mayonnaise mit den angegebenen Gewürzen verrühren und zum Schluß vorsichtig die Schlagsahne unterziehen. Die Hälfte der Tomaten mit den Salatzutaten in der Schüssel vermengen und vorsichtig die gewürzte Sahne-Mayonnaise unterrühren.

Servieren

4 Salatteller mit den zurückbehaltenen Salatblättern belegen und den Hühnchen-Krebsfleisch-Salat darauf verteilen. Mit den zurückbehaltenen Hühnchenbrustscheiben, den Krebsfleischstücken und Tomatenachteln garnieren und auf jeden Teller ein Zitronenviertel legen.

Suppen

Eisgekühlte Melonensuppe mit Tokajerwein

Für 4 Personen

Zutaten

1 schöngeformte Melone, 5büttiger Tokajer Ausbruch
½ Tasse halbsüßer Gundel Tokajer Lindenblättriger
3 Eßl. süße Sahne
1 Bund Minze (zum Garnieren)

Zubereitung

Von der Melone einen Deckel abschneiden (siehe Abbildung), aus dem Fruchtfleisch mit einem Löffel die Kerne entfernen und 16 Kügelchen aus dem Fruchtfleisch ausstechen. Die Melonenkügelchen in eine Tasse geben, mit dem Tokajer Ausbruch übergießen und in den Kühlschrank stellen.

Das restliche Fruchtfleisch ausschaben, in eine 2-Liter-Schüssel geben und mit dem Tokajer Lindenblättrigen übergießen. Dann zusammen mit der süßen Sahne im Mixer pürieren und ebenfalls in den Kühlschrank stellen.

Servieren

Die ausgehöhlte Melonenschale in einem Eiswürfelbett aufstellen, die gekühlte Suppe in die Melonenschale füllen und die mit dem Tokajer Ausbruch getränkten Melonenkügelchen hineingeben. Den abgeschnittenen Melonendeckel wieder aufsetzen und die Melone mit Minzeblättchen garnieren. Bei Tisch die Suppe in gekühlten Tassen anrichten.

Die ungarische Küche bevorzugt seit altersher bei den Mahlzeiten als appetitanregende und magenkräftigende Speisen Suppen mit dem pikanten Geschmack von süß-säuerlichen Früchten. In einem Kochbuch der siebenbürgischen Fürstin Anna Bornemisza aus dem 17. Jahrhundert finden wir unter anderem die Rezepte für „Kapernsuppe mit dunklen Weintrauben“, „Buttersuppe mit Sultaninen“, „Mandelsuppe“ oder „Süße Weinsuppe“, um nur einige dieser Gerichte herauszugreifen. (Kapern – Capparis spinosa – sind die sauer eingelegten bläulichgrünen Blütenknospen des an der Mittelmeerküste beheimateten Kapernstrauches; sie geben mit ihrem schwach-bitteren Aroma den Speisen einen pikanten, feinen Geschmack.)

Kalbsbrühe à la Windsor

Für 4 Personen

Zutaten

1 kg Kalbsfleischknochen, kleingehackt
500 g Kalbshaxe
300 g Kalbfleisch, durch den Fleischwolf gedreht
2 Eiweiß
50 g Tomaten, geviertelt
150 g Möhren, kleingeschnitten
50 g Petersilienwurzeln, kleingeschnitten
50 g Sellerie, kleingeschnitten
30 g Zwiebeln, kleingeschnitten
30 g Champignons, in Scheiben geschnitten
6 schwarze Pfefferkörner
1 kleines Stück Ingwer
Salz
3 Eßl. trockener Fino Sherry

Zubereitung

In einem großen Topf 3 l Wasser zum Kochen bringen, die Kalbsknochen und die Kalbshaxe hineingeben, aufkochen lassen, die Brühe durchseihen, die Knochen und die Haxe unter kaltem Wasser abspülen.

In einem 4-Liter-Topf das Kalbsgehackte mit dem Eiweiß und den Tomaten in 1 l kaltem Wasser gut verrühren. Die überbrühten und abgespülten Knochen und die Kalbshaxe hineingeben, noch 1 l Wasser dazugießen, Suppengrün, Zwiebeln und Champignons sowie Pfefferkörner und Ingwer dazugeben und bei mittlerer Hitze, unter Rühren mit dem Kochlöffel, aufkochen lassen. Wenn die Brühe kocht, mit dem Rühren aufhören und bei schwacher Hitze weiter köcheln lassen. Leicht salzen, nicht übermäßig, denn der Kochprozeß dauert sehr lange und die auf die Hälfte eingekochte Brühe darf nicht zu salzig werden. Nach 3 Stunden Kochzeit vom Herd nehmen, $^{1}/_{4}$ Stunde rasten lassen, dann durch ein angefeuchtetes Leintuch in einen etwa $1^{1}/_{2}$ l fassenden Suppentopf seihen.

Von der Brühe das Fett entfernen. Mit einer Schöpfkelle die Kalbshaxe vorsichtig zwischen den Knochen aus dem 4-Liter-Topf herausheben, unter kaltem Wasser abspülen, entbeinen und das schöne, helle Fleisch in 2 cm lange Streifen schneiden. Zusammen mit dem Sherry der Brühe zufügen.

Servieren

Die Kalbsbrühe in erwärmten Tassen heiß anrichten.

Diese in der englischen Küche beliebte Brühe wurde anläßlich des Hochzeitsjubiläums der Eltern von Károly Gundel im Restaurant Gundel serviert.

Kümmelsuppe mit pochierten Eiern

Für 4 Personen

Zutaten

2 Eßl. Sonnenblumenöl
1 Eßl. Kümmel, ganz
2 Eßl. Mehl
$^1/_2$ Teel. Gewürzpaprika
2 Tassen Fleischbrühe
(eventuell vom Brühwürfel)
Salz
4 Eier

Zubereitung

In einem Suppentopf von $2^1/_2$ Liter Fassungsvermögen das Öl erhitzen, den Kümmel einstreuen und unter Rühren mit dem Kochlöffel anbräunen, bis die Kümmelkörner zu platzen beginnen. Mit Mehl bestäuben und unter weiterem Rühren hell anbräunen.

Vom Feuer ziehen, den Gewürzpaprika einrühren und sogleich mit 3 Tassen Wasser und der Fleischbrühe ablöschen. Ein wenig salzen, aufkochen lassen und bei schwacher Hitze 25 Minuten kochen.

Die Suppe in ein Gefäß von ähnlicher Größe seihen.

Unmittelbar vor dem Servieren die Eier einzeln in eine Tasse schlagen und vorsichtig in die heiße Suppe gleiten lassen, so daß sie im ganzen bleiben. 2 Minuten in der Suppe leise ziehen lassen, das Eigelb soll weich bleiben.

Servieren

Die Kümmelsuppe auf Tellern oder in Tassen heiß anrichten, für jede Portion mit einem pochierten Ei.

Anmerkung: Ohne pochierte Eier, mit eingebrocktem trockenen Brot wird die Kümmelsuppe gewöhnlich als „Arme-Leute-Suppe“ bezeichnet. Es ist jedoch eine sehr schmackhafte Suppe, die mit pochierten Wachteleiern, in kleinen Tassen serviert, eine ausgesprochen elegante Vorspeise sein kann.

Weihnachtliche Weinsuppe nach Mutters Art

Für 4 Personen

Zutaten

2 Tassen halbsüßer Wein (Lindenblättriger)
4 Nelken
1 Pimentkorn
1 kleines Stück Zimtholz
Schale von 1/2 Zitrone
6 Eigelb
6 Eßl. Zucker

Zubereitung

In einem Stieltopf von 1 Liter Fassungsvermögen den Wein mit 2 Tassen Wasser und den Gewürzen zum Kochen ansetzen und etwa 5 Minuten leise kochen lassen. Durch ein Teesieb gießen und die Gewürze entfernen.

Die Eigelb mit dem Zucker schaumig schlagen. Zuerst nur 6 Eßl. von dem gewürzten Wein vorsichtig mit dem Schaumschläger unter die Eimasse rühren, dann den ganzen Wein zufügen. Unter ständigem Rühren mit dem Schaumschläger 3-4 Minuten erwärmen, jedoch achtgeben, daß das Eigelb nicht stockt.

Servieren

Heiß anrichten.

Die duftende, aromatische Weinsuppe wurde gewöhnlich am Heiligabend, wenn die Familie nach der Mitternachtsmesse in winterlicher Nacht durch den knirschenden Schnee nach Hause stapfte, auf den Tisch gebracht. Die Zubereitungsart vererbte sich überall in den ungarischen Haushalten von Generation zu Generation.

Lieblingssuppe
Seiner Majestät Franz Joseph I.

Für 4 Personen

Zutaten

200 g Kartoffeln, geschält
und in Stücke geschnitten
200 g Artischocken, kleingeschnitten
(auch aus der Konserve)
50 g Sellerie, kleingeschnitten
50 g Porree, in Stücke geschnitten
50 g Butter, 1 Eßl. Mehl
2 Tassen Hühnerbrühe,
½ Tasse süße Sahne
1 Tasse Milch, Salz
weißer Pfeffer, frisch gemahlen
40 g gekochte Räucherzunge,
in dünne Streifen geschnitten
20 g Trüffeln, in dünne Streifen geschnitten

Zubereitung

In einem 2-Liter-Topf bei mittlerer Hitze die Kartoffeln und das Gemüse in Butter etwa 5 Minuten anbräunen, mit Mehl bestäuben, verrühren und mit der Hühnerbrühe, der Milch und der süßen Sahne auffüllen. Mit Salz und Pfeffer würzen und bei schwacher Hitze unter Rühren etwa 40-50 Minuten garen.

Das Gemüse im Mixer glatt pürieren und durch ein feines Sieb in ein kleineres Gefäß seihen.

Servieren

Die heiße Suppe in vorgewärmten Suppentassen anrichten und mit Räucherzunge und Trüffeln bestreuen.

Anmerkung: Anstelle von Trüffeln können auch Totentrompeten *(Craterellus cornucopioides),* ein in Laubwäldern zu findender Würzpilz, verwendet werden, die mit ihrer schwärzlichen bis schiefergrauen Farbe einen guten Kontrast zur hellen Suppe bilden.

Das Originalrezept dieser Suppe stammt aus einem alten Kochbuch, das Mitte unseres Jahrhunderts von einem Koch in Baden bei Wien entdeckt wurde. Es gehörte einst dem Großvater des „Entdeckers“, der Chefkoch am Hofe von Kaiser und König Franz Joseph I. war. Bei einem Suppenrezept hatte er mit Bleistift vermerkt: „Lieblingssuppe Seiner Majestät”. Das Rezept dieser „historischen Suppe“ veröffentlichen wir hier!

Krebssuppe nach Art der Frau Rosa

Für 4 Personen

Zutaten

1 kg lebende Flußkrebse

Für die Kochbrühe

1 Teel. Salz, 1 Bund Petersilie
1 Teel. Kümmel
2 Stück Brühwürfel

Für die Füllung

4 gehäufte Eßl. Risi-pisi, 1 Eigelb
1 Eßl. Trappistenkäse, gerieben

Für die Suppe

50 g Butter
80 g Möhren, kleingeschnitten
60 g Petersilienwurzeln, kleingeschnitten
60 g Sellerie, kleingeschnitten
1 kleine Zwiebel, kleingeschnitten
1 kleine Tomate, geachtelt
1 Teel. Thymian
8 schwarze Pfefferkörner
1 Teel. Gewürzpaprika
4 Eßl. Mehl
1 Tasse trockener Weißwein
(Gundel Tokajer Furmint)
1 Tasse süße Sahne
2 Eßl. Kognak

Zubereitung

Kochen der Krebse

Die lebenden Flußkrebse mit der Nagelbürste scheuern. Die mittlere Schwanzflosse an der Wurzel fassen, um 180° drehen und die Eingeweide herausziehen.

In einem 3-Liter-Topf 2 l Wasser mit den angegebenen Zutaten zum Kochen bringen, die geputzten und ausgenommenen Krebse einzeln in das siedende Wasser werfen und 5 Minuten kochen, bis sie rot werden. Mit einem Schaumlöffel herausheben und unter kaltem Wasser abkühlen.

Von den Krebsen die Scheren abbrechen, den Schwanz durch leichtes Bewegen nach rechts und links abtrennen und das Fleisch herauslösen. Das Fleisch von Schwanz und Scheren gut waschen und in einem Teil der durchgeseihten und abgekühlten Kochbrühe in einem ½-Liter-Topf beiseite stellen.

Von 4 schöngeformten Krebsen den Brustteil von den Innereien säubern und innen auswaschen.

Das Risi-Pisi mit dem Eigelb und dem Käse vermengen. Die 4 gesäuberten Krebsbrustteile damit füllen und bis zum Servieren beiseite stellen.

Die Krebspanzer, die restlichen Brustteile und die Füße in einem Mörser zerkleinern.

Suppe

In einem 4-Liter-Topf das in Scheiben geschnittene Suppengrün in Butter unter ständigem Rühren 5-6 Minuten anbräunen. Zwiebeln, Tomatenachtel und die Gewürze zufügen und weitere 3-4 Minuten anbräunen. Vom Feuer ziehen, mit Gewürzpaprika bestreuen, mit Mehl bestäuben, verrühren, mit der durchgeseihten Krebsbrühe ablöschen, den Wein dazugießen und die zerstoßenen Krebspanzer hineingeben. Bei mäßiger Hitze 1 Stunde kochen, hin und wieder umrühren. Durch ein feines Sieb in einen 2-Liter-Topf seihen. Vor dem Servieren mit der süßen Sahne aufkochen und mit Kognak abschmecken.

Servieren

Die gefüllten Krebse und das Krebsfleisch in der Suppe erwärmen. Die Krebssuppe heiß in Suppentassen anrichten.

Gulaschsuppe mit gezupften Nudeln

Für 4 Personen

Zutaten

Für die Suppe

3 Eßl. Sonnenblumenöl

150 g Zwiebeln, feingehackt

360 g Rindfleisch (Füße oder Schulter), in 1 cm große Würfel geschnitten

1/4 Teel. Kümmel, gemahlen

1 Knoblauchzehe, zerstoßen

1 kleines Stück scharfer Kirschpaprika

Salz, 1 Eßl. Gewürzpaprika

150 g Suppengrün (Möhren, Petersilienwurzeln, Sellerie), in 5 mm große Würfel geschnitten

300 g Kartoffeln, geschält und in 1 cm große Würfel geschnitten

50 g Tomaten, geschält und entkernt, in 5 mm große Würfel geschnitten

50 g Paprikaschoten, in 5 mm große Würfel geschnitten

Für die gezupften Nudeln (csipetke)

(s. S. 186 – die Hälfte der angegebenen Menge)

Zubereitung

Suppe

In einem Suppentopf von etwa 3 Liter Fassungsvermögen die kleingeschnittenen Zwiebeln in erhitztem Öl unter ständigem Rühren goldbraun anrösten.

Die Fleischwürfel dazugeben und zugedeckt bei schwacher Hitze schmoren, bis der Saft verschmort ist. Mit Salz, Kümmel, scharfem Kirschpaprika und Knoblauch würzen, mit dem Kochlöffel die Gewürze im Fleisch verrühren und mit 1 Tasse Wasser auffüllen.

Zugedeckt (etwa 40 Minuten) schmoren, bis das Fleisch halbgar ist, dabei von Zeit zu Zeit umrühren und den verdunsteten Schmorsaft ergänzen, damit das Fleisch nicht anbrennt.

Mit Gewürzpaprika bestreuen, das Suppengrün dazugeben und weiter schmoren. Nach etwa 30 Minuten, wenn das Fleisch schon fast gar ist, Kartoffeln, Tomaten und Paprikaschoten zufügen. Mit 3-4 Tassen Wasser auffüllen und bei schwacher Hitze im offenen Topf kochen. Wenn die Kartoffelstücke halbgar sind, die gezupften Nudeln in die Suppe streuen. Noch 5 Minuten kochen, so daß die gezupften Nudeln gleichzeitig mit den Kartoffeln gar werden.

Gezupfte Nudeln

Zubereitung s. S. 186.

Servieren

Die Gulaschsuppe heiß servieren, eventuell im Kessel oder in einer Suppenterrine. Neuerdings wird die Gulaschsuppe auch in Suppentassen angerichtet. Bei Tisch noch scharfen Paprika reichen.

Károly Gundel war auch ein Meister der Gulaschsuppenzubereitung! Die Chronik verzeichnet in seinem Repertoire nicht weniger als zwölf „Gulaschsuppen-Variationen". Wir haben hier das feinste, das „klassische" Rezept angegeben.

Palotzensuppe

Für 4 Personen

Zutaten

3 Eßl. Sonnenblumenöl

100 g Zwiebeln, feingehackt

1 Teel. Gewürzpaprika

320 g Schulterstück vom Lamm, in 1 cm große Würfel geschnitten

Salz, 1/4 Teel. Kümmel, gemahlen

1 kleine Knoblauchzehe, zerstoßen

1 Lorbeerblatt

250 g Kartoffeln, geschält und in 1 cm große Würfel geschnitten

150 g grüne Bohnen, in 2 cm lange Stücke geschnitten

1/2 Tasse saure Sahne

2 Eßl. Mehl

1 gehäufter Eßl. Dill, feingewiegt

Zubereitung

In einem 2-Liter-Topf das Öl erhitzen und die Zwiebeln darin unter ständigem Rühren goldgelb anbräunen.

Vom Feuer ziehen, den Gewürzpaprika einrühren und mit 2 Tassen Wasser ablöschen. Die Fleischwürfel zufügen, salzen, mit Kümmel, Knoblauch und Lorbeerblatt würzen und zugedeckt bei schwacher Hitze schmoren. Das Fleisch ist nach etwa 20 Minuten gar. Den während des Schmorens eventuell verdunsteten Saft durch wenig Wasser ergänzen.

Während das Fleisch schmort, in einem kleinen Topf die Kartoffelwürfel in 1 Tasse leicht gesalzenem Wasser kochen (10-12 Minuten) und beiseite stellen.

In einem anderen kleinen Topf die grünen Bohnen ebenfalls in 1 Tasse leicht gesalzenem Wasser dünsten (10-12 Minuten) und beiseite stellen. Die grünen Bohnen sollten nicht zu weich werden. Wenn keine gelben Stangenbohnen verwendet werden, 1 Prise Natron ins Kochwasser geben, damit die Bohnen ihre schöne grüne Farbe behalten.

In einer kleinen Schüssel das Mehl in der mit 1/4 Tasse Wasser verdünnten sauren Sahne anrühren.

Wenn das Fleisch gar ist, die gekochten Kartoffeln und die gedünsteten grünen Bohnen mit dem Kochwasser dazugeben, mit dem angerührten Mehl binden und noch 5 Minuten kochen lassen. Sollte die Suppe zu sämig sein, kann sie noch mit ein wenig Wasser gestreckt werden.

Servieren

Vor dem Anrichten das Lorbeerblatt entfernen und jede Portion Suppe mit frischgehacktem Dill bestreuen.

János Gundel, der Begründer der Gundel-Dynastie, hat diese Suppe für den ungarischen Schriftsteller Kálmán Mikszáth kreiert, als dieser einmal den Wunsch äußerte, er möchte eine Suppe essen, in der Geschmack, Aroma und Köstlichkeit in höchster Form vereint sind. Da Mikszáth aus dem nordungarischen Palotzenland stammte, erhielt die für ihn komponierte Suppe den Namen „Palotzensuppe".

Frischlingssuppe mit Estragon

Für 4 Personen

Zutaten

1/2 Teel. Zucker
3 Eßl. Sonnenblumenöl
100 g Zwiebeln, feingehackt
360 g Frischlingsfleisch, Schulter oder Keule, in 1 cm große Würfel geschnitten
Salz, schwarzer Pfeffer, frisch gemahlen
1 kleine Knoblauchzehe
1 Lorbeerblatt
1/2 Tasse Möhren, in 5 mm große Würfel geschnitten
1/3 Tasse Petersilienwurzeln, in 5 mm große Würfel geschnitten
1/3 Tasse Sellerie, in 5 mm große Würfel geschnitten
Saft von 1/4 Zitrone
1 gehäufter Eßl. Estragon, feingewiegt
1/3 Tasse saure Sahne
1/3 Tasse süße Sahne
1 Eßl. Mehl
1 Eßl. Senf
1 Eßl. Petersilie, feingewiegt

Zubereitung

In einem 2-Liter-Topf den Zucker bei mittlerer Hitze dunkelbraun karamelisieren. Das Öl zufügen, erhitzen und unter ständigem Rühren die Zwiebeln darin anbräunen. Die Fleischwürfel in die Zwiebelschwitze geben, mit Salz, Pfeffer, Lorbeerblatt und Knoblauch würzen, 1 Tasse Wasser zufügen und zugedeckt bei schwacher Hitze schmoren. Den verschmorten Saft ständig ergänzen. Nach 30 Minuten das Gemüse, Zitronensaft und Estragon zufügen. Alles gut verrühren, noch 2 Tassen Wasser untergießen und weiter schmoren. Nach etwa $2\frac{1}{2}$ Stunden ist das Fleisch gar.

In einer kleinen Schüssel das Mehl mit dem Schaumschläger in der sauren und der süßen Sahne, unter Zugabe von Senf, glatt verrühren. Wenn das Fleisch gar ist, die Suppe mit dem angerührten Mehl binden und noch 5 Minuten kochen lassen. Dabei noch so viel Wasser zufügen, daß es eine sämige Ragoutsuppe ergibt.

Servieren

Vor dem Anrichten das Lorbeerblatt entfernen und jede Portion Suppe mit feingewiegter Petersilie bestreuen.

Der Estragon sowie die saure und die süße Sahne verzaubern mit ihrem Geschmack die Frischlingssuppe zu einem angenehm pikanten, appetitanregenden Gericht, das die „Ouvertüre" zu einem reichhaltigen ungarischen Festmahl bilden kann.

Warme Vorspeisen

Gefüllte Champignons

Für 4 Personen

Zutaten

450 g frische,
gezüchtete Champignons,
Pilzköpfe von 4-5 cm Durchmesser

3 Eßl. Butter

1 gehäufter Eßl. Zwiebeln, feingehackt

1 gehäufter Eßl. Petersilie, feingewiegt

Salz, schwarzer Pfeffer, frisch gemahlen

4 Eßl. Semmelbrösel

2 Eßl. Mehl, 2 Eigelb

1 Tasse Kalbsfond (s. S. 179)

½ Tasse trockener Rotwein

1 Teel. Mais- oder Kartoffelstärke

Zubereitung

Füllung

Von den gewaschenen Champignons die Stiele entfernen, 8 schöne Pilzköpfe beiseite legen, die übrigen zusammen mit den Stielen kleinschneiden und in einem reinen Leintuch ausdrücken. Den Pilzsaft auffangen und für die Soße verwenden.

In einer Pfanne von 18-20 cm Durchmesser die Hälfte der Butter zerlassen und die Zwiebeln darin bei mittlerer Hitze schön goldgelb anrösten. Dann die kleingeschnittenen Champignons zufügen, ebenfalls anrösten, mit Petersilie, Salz und Pfeffer würzen, Semmelbröseln und Mehl dazugeben und bei schwacher Hitze unter Rühren 5 Minuten weiter bräunen.

Vom Feuer nehmen, 3 Minuten abkühlen lassen und die Eigelb unterrühren.

Füllen und Braten

Von den Champignonköpfen oben jeweils eine dünne Scheibe abschneiden, der Innenteil darf nicht beschädigt werden. Die Köpfe wenden, so daß die abgeschnittene Seite nach unten zeigt, mit der Pilzmasse füllen und mit der abgeschnittenen Pilzscheibe bedecken.

In einer Pfanne von 20 cm Durchmesser bei mittlerer Hitze die restliche Butter zerlassen, die Champignonköpfe mit der gefüllten Seite nach oben hineinlegen und 3 Minuten braten, bis die Unterseite leicht braun wird. Dann die Pilzköpfe vorsichtig herausnehmen und – mit der gefüllten Seite nach oben – in eine runde feuerfeste Form von etwa 20 cm Durchmesser setzen, so daß sie bequem nebeneinander Platz haben.

Die Röhre auf 170 °C erwärmen und die gefüllten Champignons darin auch von oben leicht anbräunen. Den Pilzsaft, der sich eventuell während des Überbackens bildet, ebenfalls für die Soße verwenden.

Soße

In einem kleinen Stieltopf von ½ Liter Fassungsvermögen den Wein auf die Hälfte einkochen, den Kalbsfond und den Pilzsaft dazugeben und bei starker Hitze etwa auf die Hälfte reduzieren. Salzen und pfeffern.

In einer Tasse die Stärke mit wenig Wasser anrühren und die Soße damit binden. Unter kräftigem Rühren etwa 3-4 Minuten kochen lassen, dann durch ein feines Sieb seihen.

Servieren

Die Soße über die in der feuerfesten Form überbackenen Pilzköpfe geben und sofort anrichten.

Anmerkung: Die Soße sollte vor dem Überbacken der Champignons zubereitet werden.

Das obige Gericht kreierte der Autor dieses Buches anläßlich der Wiedergeburt des Restaurant Gundel. Es vereint auf harmonische Weise den edlen Geschmack der Champignons mit dem angenehm herben Aroma des trockenen Rotweins und der milden Note der frischen Gewürze. Erstmals standen die Gefüllten Champignons auf der Menükarte des Banketts zur Wiedereröffnung des Restaurants – seitdem sind sie von der Speisekarte des Gundel nicht mehr wegzudenken.

Froschschenkel in Petersiliensoße

Für 4 Personen

Zutaten

16 Paar Froschschenkel, Salz
4 Eßl. Mehl, 60 g Butter
120 g Champignons, in Scheiben geschnitten
1 Eßl. Petersilie, feingewiegt
1/2 Tasse Hühnerbrühe
1 Tasse süße Sahne
1/2 Tasse Kochbrühe von grünen Erbsen
weißer Pfeffer, frisch gemahlen

Für das Risi-Pisi

20 g Butter
1 Tasse gedünstete grüne Erbsen
1 Eßl. Petersilie, feingewiegt
2 Tasse gedünsteter Reis

Für die geröstete Petersilie

1 Bund Petersilie
Öl zum Braten

Zubereitung

Froschschenkel

Die Froschschenkel (Froschkeulen) waschen, abtrocknen und dressieren (das eine Keulenende auf das andere und zwischen den Knochen hindurchstecken). Dann salzen und in Mehl wenden.

In einer Pfanne von 25 cm Durchmesser die Butter erhitzen und die Froschschenkel darin von beiden Seiten je 2 Minuten anbraten. Mit den Champignons bestreuen und etwa 2-3 Minuten weiterbraten. Dann die feingewiegte Petersilie und das restliche Mehl darüberstreuen, verrühren, mit der Hühnerbrühe ablöschen und die süße Sahne sowie die Kochbrühe von den grünen Erbsen dazugießen. Salzen, pfeffern und bei mäßiger Hitze 5-6 Minuten gar schmoren.

Risi-Pisi

Die gedünsteten grünen Erbsen in Butter erwärmen, mit gewiegter Petersilie bestreuen und mit dem gedünsteten Reis vermengen.

Geröstete Petersilie

Von der Petersilie die dicken Stiele abzupfen, die Petersilienblätter in reichlich siedend heißes Öl geben und knusprig braten. In einem Sieb gut abtropfen lassen.

Servieren

Jede Portion Risi-Pisi in eine große Savarin-Form (eine runde Kuchenform von 12-15 cm Durchmesser, die in der Mitte ein Loch hat) drücken und auf jeden Teller einen Risi-Pisi-Ring stürzen. In der Mitte die Froschschenkel mit der Petersiliensoße anrichten und ringsherum mit gerösteter Petersilie garnieren.

Schon in alten Zeiten kamen aus Ungarn die schmackhaftesten Froschschenkel auf die Tafel der Gourmets von ganz Europa, während auf ungarischen Speisekarten nur selten Froschschenkel zu finden waren.

Heiße Schnecken mit Knoblauchkäsebutter

Für 4 Personen

Zutaten

48 Stück schöne, große,
lebende Weinbergschnecken
500 g Salz

Für die Brühe

2 Tassen trockener Weißwein
Salz
1 Teel. Kümmel
8 Knoblauchzehen
10 schwarze Pfefferkörner
1 kleines Bund Petersilie
1 kleines Bund Selleriegrün

Für die Knoblauchkäsebutter

100 g Butter
100 g geräucherter Käse, gerieben
1 Eigelb
1 Teel. zerstoßener Knoblauch
1 Teel. Sardellenpaste
1 Eßl. Petersilie, feingewiegt
1 Teel. Selleriegrün, feingewiegt
1 Teel. Thymian, feingewiegt
1/2 Teel. weißer Pfeffer, frisch gemahlen
Salz

Zubereitung

Schnecken

Die lebenden Schnecken 4 Tage lang an einem kühlen Ort hungern lassen. Dann in kaltem Wasser gründlich waschen und in reichlich siedend heißem Wasser 30 Minuten brühen. Mit kaltem Wasser abspülen, mit einer spitzen Nadel das Schneckenhaus durchstechen und mit einer drehenden Bewegung die Schnecken aus dem Haus auslösen. Den dunklen, gewundenen Teil vom Schneckenfleisch abbrechen und entfernen.

Das Schneckenfleisch mit dem Fuß und dem schwarzen Teil, der die Innereien enthält, in eine Schüssel von etwa 3 Liter Fassungsvermögen geben. Das Salz darüberschütten und das Schneckenfleisch solange mit dem Salz kräftig zwischen den Handflächen reiben, bis es vom Schleim gesäubert ist. Zur Kontrolle ein paar Stücke Schneckenfleisch unter reichlich Wasser gut abspülen. Wenn an der Fußseite kein gelber Schleim mehr haftet, kann mit dem Reiben aufgehört werden. Nun das Salz gründlich abspülen.

3 l Wasser mit dem Wein, etwas Salz und den in Gaze eingebundenen Gewürzen und Kräutern zum Kochen ansetzen, das sorgfältig ausgewaschene Schneckenfleisch hineingeben und bei schwacher Hitze 3 Stunden dünsten. In der Kochbrühe abkühlen lassen.

Knoblauchkäsebutter

Die weiche Butter gründlich mit den angegebenen Zutaten verarbeiten. Abschmecken. Die Butter soll genügend gesalzen und gut gewürzt sein.

Die Knoblauchkäsebutter auf Alufolie geben, zu einer 2,5 cm dicken Rolle formen, einwickeln und in den Kühlschrank legen.

Die Steinplatten für die Schnecken in der Röhre vorwärmen. Das Schneckenfleisch aus der Brühe nehmen und mit der Hand gut ausdrücken. In die Vertiefung der Platten je 2 Schneckenfleischstücke legen. Die Knoblauchkäsebutter aus der Folie wickeln und in 24 Scheiben aufschneiden. Jede Plattenvertiefung obenauf mit 1 Scheibe Knoblauchkäsebutter belegen und in der Röhre bei 180 °C 6-8 Minuten über backen.

Servieren

Heiß auf den Tisch bringen und Toastbrotscheiben dazu reichen.

Paprikahuhn im Proviantbeutel des reichen Mannes

Für 4 Personen

Zutaten

Paprikahuhn

1 Eßl. Sonnenblumenöl
50 g Zwiebeln, feingehackt
2 Teel. Gewürzpaprika
½ Huhn (450 g)
50 g Tomaten, geschält, entkernt und in 1 cm große Würfel geschnitten
80 g grüne Paprikaschoten, vom Samenstand befreit und in 1 cm große Würfel geschnitten
Salz

1 scharfe Paprikaschote
$^{1}/_{2}$ Tasse saure Sahne
$^{1}/_{2}$ Tasse süße Sahne
1 Eßl. + 1 Teel. Mehl

Für die Füllung

2 Eßl. saure Sahne
$^{1}/_{2}$ Teel. Gewürzpaprika
Salz
weißer Pfeffer, frisch gemahlen
scharfer Gewürzpaprika

Für die Palatschinken

70 g Mehl, 1 Ei
$^{1}/_{2}$ Tasse Milch
$^{1}/_{3}$ Tasse Sodawasser, Salz
4 Eßl. Öl zum Braten
4 Stengel langer Schnittlauch, überbrüht

Zubereitung

Paprikahuhn

In einem Schmortopf von etwa 25 cm Durchmesser das Öl erhitzen und die Zwiebeln darin anrösten. Vom Feuer nehmen, mit Gewürzpaprika bestreuen und mit $^{1}/_{2}$ Tasse Wasser ablöschen. Das in 4 Teile zerlegte Huhn, die Tomaten- und die Paprikawürfel hineingeben, salzen, mit scharfem Paprika würzen und zugedeckt bei schwacher Hitze schmoren (etwa 40 Minuten). Dann das Hühnerfleisch herausnehmen. In einer kleinen $^{1}/_{2}$-Liter-Schüssel das Mehl mit dem Schaumschläger in der sauren und der süßen Sahne anrühren, zum Paprikaschmorsaft geben und aufkochen. Die Soße durchseihen und wenn erforderlich, nachsalzen.

Das Hühnerfleisch entbeinen, ganz klein schneiden und in einer Schüssel von 15 cm Durchmesser mit 1 EßI. Soße, 2 EßI. saurer Sahne, Gewürzpaprika, Salz, Pfeffer und eventuell auch scharfem Paprika vermengen. Diese Paprikahuhnfüllung dann in einer Pfanne von 15 cm Durchmesser erhitzen.

Palatschinken

In einem kleinen Schaumkessel die Zutaten für den Palatschinkenteig mit dem Schaumschläger glatt verrühren. Die Palatschinkenpfanne erhitzen, dünn mit Öl fetten und soviel Teig in die Pfanne geben, daß der Pfannenboden beim Bakken gleichmäßig dünn bedeckt ist. Nach etwa 15 Sekunden den Palatschinken wenden und auch umseitig backen. Den Teig zu 4 schönen Palatschinken ausbacken.

Servieren

Auf den heißen Palatschinken in der Mitte die Paprikahuhnfüllung verteilen. Die Palatschinken jeweils oben am Rand zusammenfassen, zu einem Beutel formen, mit einem Zahnstocher fixieren und mit einem Schnittlauchstengel zusammenbinden. Vor dem Anrichten ein paar Minuten in die mittelmäßig heiße Röhre geben.

Den Zahnstocher aus dem Palatschinken nehmen. Paprikasoße auf heiße Teller geben und die Palatschinken in die Soße setzen.

Im Geiste Escoffiers haben wir uns bemüht, die Hortobágyer Palatschinken auch äußerlich zu einer ästhetischen Kreation zu machen. Seitdem wurde der mit einem Schnittlauchstengel zusammengebundene und in Paprikasoße servierte Palatschinkenbeutel als „Proviantbeutel des reichen Mannes“ zu einer eleganten warmen Vorspeise.

Palatschinken à la Grassalkovich

Für 4 Personen

Zutaten

Für das Letscho

1 Scheibe Bacon,
in 2 mm große Würfel geschnitten

1 Eßl. Sonnenblumenöl

1 gehäufter Eßl. Zwiebeln, feingehackt

1 Teel. Gewürzpaprika

40 g Räucherwurst,
in 3 mm große Würfel geschnitten

200 g Paprikaschoten,
in 1 cm große Würfel geschnitten

50 g Tomaten, geschält und entkernt

Für die Entenleber

160 g gemästete Entenleber
(4 Scheiben à 40 g)

Salz

1 Prise getrockneter Majoran

1 Eßl. Mehl

1 Teel. Sonnenblumenöl

Für die Paprikasoße

Zutaten und Zubereitung stimmen mit dem Rezept für „Paprikahuhn im Proviantbeutel des reichen Mannes“ (s. S. 55) überein, mit dem Unterschied, daß in der Paprikasoße anstelle eines halben Huhns die Knochen von einem ganzen Huhn mitgekocht werden.

Für die Palatschinken (4 Stück)

Zutaten und Zubereitung stimmen mit dem Rezept für „Paprikahuhn im Proviantbeutel des reichen Mannes" (s. S. 56) überein.

Zubereitung

Letscho

In einer kleinen Stielpfanne die Speckwürfel in dem Öl auslassen und die Zwiebeln darin anbräunen. Vom Feuer ziehen, mit Gewürzpaprika bestreuen, die Wurst-, die Tomaten und die Paprikawürfel zufügen, leicht salzen und zugedeckt 8-10 Minuten bei mäßiger Hitze schmoren.

Vom Feuer nehmen und warm halten.

Entenleber

Die Entenleber salzen, mit Majoran bestreuen und in Mehl wenden. In einer Pfanne von etwa 15 cm Durchmesser das Öl erhitzen und die Leberscheiben darin bei mittelstarker Hitze von beiden Seiten braten, je nach Dicke der Scheiben 1-2 Minuten.

Servieren

Auf einen tiefen Teller einen heißen Palatschinken legen, in die Mitte ¼ vom Wurstletscho anhäufen und obenauf eine Scheibe gebratene Entenleber legen. Den Palatschinken ringsherum oben am Rand zusammenfassen und zu einem kleinen Beutel formen. Mit einem Zahnstocher fixieren und mit einem überbrühten Schnittlauchstengel zusammenbinden.

Auf diese Weise 4 Palatschinkenbeutel zubereiten und in

einer kleinen Pfanne in der Röhre bei 150 °C 3-4 Minuten überbacken.

Auf 4 erwärmte Teller in die Mitte Paprikasoße geben und den heißen Palatschinkenbeutel in die Soße setzen.

Mit bunten Paprikawürfeln garnieren.

Graf Antal Grassalkovich, der mit seinem Schloß in Gödöllő zu einer beeindruckenden Variante des Barock, dem „Grassalkovich-Stil", inspirierte, bewirtete in Gödöllő auch einmal die Kaiserin und Königin Maria Theresia. Von seinem Hofkoch verlangte er für das Festmahl zu Ehren der Monarchin eine „fürstlich reichhaltige und elegante" Vorspeise. So wurde der mit Wurstletscho und Entenleber gefüllte Palatschinken geboren, der seither den Namen Grassalkovich trägt.

Gänseleber

Gänseleber nach Bugacer Art mit Tokajer Ausbruch

Für 4 Personen

Zutaten

500 g gemästete Gänseleber
Salz, weißer Pfeffer, frisch gemahlen
4 Eßl. 5büttiger
Gundel Tokajer Ausbruch

Für den Tokajer Gelee

2 Teel. Gelatinepulver
$^{1}/_{3}$ Tasse Fleischbrühe, (auch Instant oder Brühwürfel)
$^{1}/_{4}$ Tasse 5büttiger, Gundel Tokajer Ausbruch

Zubereitung

Gänseleber

Die Gänseleber mit der gewölbten Seite nach unten in eine flache Porzellanschüssel legen. An den dicken Stellen auseinanderziehen und die blutigen, dicken Adern suchen. Das Ende der Ader fassen und die Ader vorsichtig herausziehen, dabei die Leber immer mehr ausbreiten, so daß auch die dünneren Adern zum Vorschein kommen und entfernt werden können. Schließlich die Leber, wenn sie 1-1,5 cm dünn ausgebreitet ist und alle Adern entfernt sind, leicht salzen, pfeffern und mit Tokajer Ausbruch beträufeln. Dann in ihre ursprüngliche Form zurückschlagen und leicht andrücken. Auf Klarsichtfolie legen, den eventuell in die Schüssel abgelaufenen Tokajer Ausbruch über die Leber träufeln, die Leber fest einwickeln und 10-12 Stunden in den Kühlschrank stellen. In dieser Zeit werden Salz, Pfeffer und Tokajerwein von der Gänseleber gut aufgesaugt.

Die gebeizte Gänseleber in ein ½-Liter-Gefäß (Glas mit Patentverschluß oder Porzellanform für Pasteten) pressen, gut verschließen oder abdecken, in eine etwa 5 cm tiefe Pfanne stellen, die Pfanne in der Höhe von ⅓ des Gefäßes mit Wasser füllen und die Gänseleber 2 Stunden in der Röhre bei 75 °C dünsten.

Aus der Röhre nehmen, abkühlen lassen und in den Kühlschrank stellen.

Tokajer Gelee

In einer kleinen Tasse das Gelatinepulver in 2 Eßl. warmem Wasser anrühren. In einem kleinen ½-Liter-Stieltopf die Brühe mit dem Tokajer Ausbruch aufkochen, die aufgelöste Gelatine einrühren und nochmals aufkochen.

Abkühlen lassen, in eine Tasse füllen und ein paar Stunden im Kühlschrank erstarren lassen.

Servieren

Die Gänseleber auf ein Brett stürzen, mit einem in warmes Wasser getauchten Messer mit dünner, scharfer Klinge aufschneiden und auf Tellern oder auf einer Platte anrichten.

Den Tokajergelee in 3 mm große Würfel schneiden und ringsum die Gänseleber verteilen. Zum Garnieren eignen sich Weintrauben. Es können geröstete Briochescheiben oder frische Brioches im ganzen dazu gereicht werden.

Die Römer haben die Gänse mit Feigen gemästet, damit die Gänseleber den Geschmack der Früchte in sich aufnehme. Der typische „Brot“-Geschmack und das wunderbare Bukett des Tokajer Ausbruchs verleihen der Leber der in der Ungarischen Tiefebene mit Mais gemästeten Gänse eine so reiche Geschmacksnote, daß wohl auch Apicius – hätte es die Gundel-Küche zur Römerzeit schon gegeben – die „Gänseleber nach Bugacer Art“ in sein Kochbuch aufgenommen hätte.

Gebratene Gänseleber auf traditionelle Art

Als Hauptgericht für 4 Personen,
als Vorspeise für 8 Personen

Zutaten

1,2 kg Gänsefett mit Haut
1 Eßl. Milch
600 g frisch gemästete Gänseleber
Salz
120 g Zwiebeln
3 mittelgroße Knoblauchzehen
1 grüne Paprikaschote

Zubereitung

Das Gänsefett mit der Haut in 2 cm große Würfel schneiden und in einem Topf von etwa 3 Liter Fassungsvermögen mit $^{1}/_{8}$ Tasse Wasser bei mittlerer Hitze unter ständigem Rühren auslassen. Wenn die Fettstücke anfangen, Farbe zu bekommen, vorsichtig die Milch darüberträufeln (achtgeben, das Fett spritzt!). Das ausgelassene Gänsefett durch ein Sieb in einen 2-Liter-Topf seihen. Die zurückgebliebenen Grieben mit der Schöpfkelle kräftig ausdrücken, damit möglichst wenig Fett darin zurückbleibt. Die Grieben in einer flachen Schüssel ausbreiten und beiseite stellen.

Die gesalzene Gänseleber in das warme, aber nicht mehr heiße Gänseschmalz geben. Die halbierten Zwiebeln, Knoblauchzehen und die entkernte und halbierte Paprikaschote dazugeben und bei mittlerer Hitze je nach der Größe der Leber 20-25 Minuten braten. Zur Probe die dickeren Stellen der Leber mit der Nadel einstechen. Wenn sie nicht mehr bluten, ist die Leber durchgebraten. Aus dem Bratschmalz nehmen und in eine Porzellanschüssel geben.

Das Fett noch weiter braten, bis der Wassergehalt verdunstet ist. Wenn die Zwiebeln langsam Farbe bekommen, das Bratschmalz durch ein Teesieb über die gebratene Gänseleber seihen.

Die Leber soll völlig von Schmalz bedeckt sein. Abkühlen lassen und in den Kühlschrank stellen, damit das Schmalz fest wird.

Kalt, mit Schmalz bedeckt, hält sich die gebratene Gänseleber wochenlang.

Servieren

Die aus dem fest gewordenen Schmalz herausgenommene Gänseleber in Scheiben schneiden und auf einer Platte anrichten. Ringsherum mit Paprikaschoten, Tomaten, eventuell auch mit frischen Lauchzwiebeln garnieren.

Das Gänseschmalz in einem gesonderten Gefäß, mit Gewürzpaprika bestreut, auf den Tisch bringen.

Auch die Gänsegrieben können dazu gereicht werden.

Frisches Bauernbrot und Salz auf den Tisch stellen.

Anmerkung: Die so zubereitete Gänseleber kann auch warm, unmittelbar nach dem Braten serviert werden. Mit gebratenen Zwiebelkartoffeln (s. S. 190) und knusprig gerösteten Zwiebelringen reichen.

Gänselebersandwich mit Bratäpfeln

Für 4 Personen

Zutaten

600 g rotbäckige Jonathanäpfel (4 Stück)
2 Eßl. Butter
200 g Gänseleber (4 Scheiben)
Salz, weißer Pfeffer, frisch gemahlen

Zubereitung

Äpfel

Alle 4 Äpfel in drei Teile – einen unteren Teil, einen mittleren Ring und einen oberen Teil – schneiden.

Die mittleren Apfelringe schälen und vom Kernhaus befreien.

Alle Apfelteile in einer kleinen Pfanne in der Hälfte der Butter braten.

(Die Äpfel dürfen nur unmittelbar vor dem Braten aufgeschnitten und geputzt werden, da sie sonst braun werden. Sie sind in etwa 2 Minuten gebraten.)

Gänseleber

Die Gänseleberscheiben salzen, pfeffern, in einer Pfanne in der restlichen Butter anbraten und im Salamander oder in der Röhre fertig braten.

(In der vorgeheizten Röhre beträgt die Bratzeit bei 170 °C 3-4 Minuten.)

Servieren

Je eine gebratene Gänseleberscheibe zwischen einen oberen und einen unteren Apfelteil zu einem Gänselebersandwich zusammenlegen und auf einer Platte zusammen mit den mittleren gebratenen Apfelringen anordnen.

Heiß auf den Tisch bringen.

Das Gänseleber-Apfel-Sandwich von Georg Láng's Mutter inspirierte dieses Feinschmeckergericht.

Mit Kirschholz geräucherte Gänseleber

Als Hauptgericht für 4 Personen,
als Vorspeise für 8 Personen

Zutaten

600 g gemästete Gänseleber
Salz
2 Tassen Kirschholzspäne

Zubereitung

Die Gänseleber salzen, auf einen dichten Rost legen und mit dem Rost in eine Pfanne setzen.

Die Röhre auf 80 °C vorwärmen.

In eine kleine erhitzte Eisenpfanne Glut geben und die Hälfte der angefeuchteten Kirschholzspäne hineinstreuen.

Die Pfanne mit der Leber in die Mitte der Röhre geben und die rauchenden Späne darunter stellen. So die Leber bei 80°C 1¾ Stunden in der Röhre räuchern.

Der Rauch muß recht oft kontrolliert werden. Mehrmals ist die Glut auszutauschen und wiederholt müssen Kirschholzspäne nachgestreut werden.

Servieren

Soll die geräucherte Gänseleber warm verzehrt werden, wird sie im ganzen auf den Tisch gebracht. Als Beilage Gebratene Zwiebelkartoffeln (s. S. 190) und geröstete Zwiebelringen (s. S. 191) reichen.

Das Gericht kann auch als kalte Vorspeise mit gerösteten Briochescheiben serviert werden.

Als ich mich einmal mit Georg Láng darüber unterhielt, mit welchen Köstlichkeiten wir die Speisekarte des Restaurant Gundel noch bereichern könnten, hatte er die Idee, den Geschmack der gemästeten Gänseleber mit dem herb-pikanten Aroma des Kirschholzrauchs zu kombinieren. Dem Gedanken folgte die Tat: Ich ging in die Küche, entzündete in der Räucherkammer ein Feuer von Kirschholzspänen und präsentierte bald darauf eine Kostprobe der in Kirschholzrauch zubereiteten Gänseleber. Seitdem zählt dieses Gericht zu den beliebten Gundel-Spezialitäten.

Fische

Zanderfilet à la Gundel

Für 4 Personen

Zutaten

Für den Zander

720 g Zanderfilet (4 Scheiben)
Salz, 2 Eßl. Mehl
½ Tasse Sonnenblumenöl zum Braten

Für die Soße

1 Tasse Fischfond aus Zandergräten (s. S. 179)
¼ Tasse Gundel Tokajer Furmint
(oder anderer trockener Weißwein)
2 Tassen süße Sahne
Salz, Zitronensaft

Für den Spinat

600 g Spinat, geputzt
1 Messerspitze Natron
20 g Butter, Salz
weißer Pfeffer, frisch gemahlen

Für die Gemüse- und Kartoffelkügelchen

400 g Zucchini, gewaschen, aber ungeschält
250 g Möhren, geputzt
400 g Kartoffeln, geschält
Salz, 20 g Butter
1 gehäufter Eßl. Petersilie, fein gewiegt

Zubereitung

Zander

Die Zanderfilets salzen, in Mehl wenden und zunächst beiseite stellen, erst unmittelbar vor dem Servieren in einer Pfanne von etwa 25 cm Durchmesser in siedend heißem Öl von beiden Seiten braten. Die Fischfilets dürfen nicht austrocknen, sie sind in 6-7 Minuten gebraten.

Soße

Den Fischfond mit dem Tokajer Furmint bei schwacher Hitze langsam auf $^1/_3$ reduzieren.

Die süße Sahne in einem 1-Liter-Schnellkocher auf die Hälfte reduzieren, den reduzierten Wein-Fischfond dazugießen, salzen, aufkochen, mit Zitronensaft abschmecken und etwa 5 Minuten kochen lassen. Bis zum Servieren warm halten.

Spinat

In einem 3-Liter-Topf $2^1/_2$ Liter Wasser mit einer Messerspitze Natron zum Kochen ansetzen, den vorbereiteten Spinat in das siedend heiße Wasser geben und 2 Minuten überbrühen. Abgießen, mit kaltem Wasser abspülen und das Wasser ausdrücken. In einer Pfanne von 20 cm Durchmesser die Butter erhitzen, den Spinat hineingeben, salzen, pfeffern und erhitzen.

Gemüse- und Kartoffelkügelchen

Aus Zucchini, Möhren und Kartoffeln mit einem runden Gemüseausstecher Kügelchen von 1 cm Durchmesser ausstechen und gesondert in drei ½-Liter-Töpfen in Salzwasser wie folgt dünsten: die Zucchini nur eben aufkochen (1 Minute), die Möhren und die Kartoffeln gar kochen (etwa 10 Minuten).

Alle drei Sorten abgießen, miteinander vermengen und in einer Pfanne von 15 cm Durchmesser in erhitzter Butter mit Petersilie erhitzen (etwa 3 Minuten).

Servieren

Auf 4 erwärmten Tellern in der Mitte den heißen Spinat verteilen, ringsherum die Soße gießen, in die Soße die Gemüse- und Kartoffelkügelchen setzen und schließlich die gebratenen Zanderfilets auf den Spinat geben.

Es war ein glücklicher Einfall von Károly Gundel, den zarten Geschmack des Plattenseezanders mit dem typischen Geschmack und Aroma des Spinats zu verbinden. Ich habe mich bemüht, seine Vorstellung entsprechend den Anforderungen unserer Zeit weiterzuentwickeln: Anstatt die Zanderfilets wie früher zu panieren, brate ich sie natur, garniere sie mit Gemüse- und Kartoffelkügelchen und reiche sie mit einer Sahne-Wein-Soße aus reduziertem Fischfond, abgeschmeckt mit Pfeffer und Zitrone.

Zanderfilet nach Karpatenart

Für 4 Personen

Zutaten

Für den Zander

720 g Zanderfilet (4 Scheiben)
Salz, 50 g Mehl
1/3 Tasse Sonnenblumenöl zum Braten

Für die Dillsoße

1 Tasse Fischfond aus Fischgräten (s. S. 179)
1/4 Tasse Gundel Tokajer Furmint
(oder anderer trockener Weißwein)
2 Tassen süße Sahne, Salz, Saft von 1/4 Zitrone
2 Eßl. Dill, feingewiegt

Für die Krebse

600 g lebende Flußkrebse
2 Teel. Salz, 1 kleines Bund Dill, 20 g Butter

Für die Pilze

200 g Champignons, davon 4 ganze Köpfe zum Garnieren, die übrigen kleingeschnitten
20 g Butter, Salz
weißer Pfeffer, frisch gemahlen

Für die Beilage

500 g Kartoffeln, geschält (8 Stück)
Salz, 20 g Butter
2 Eßl. Petersilie, feingewiegt

Zubereitung

Zander

Die Zanderfilets salzen, in Mehl wenden und zunächst beiseite stellen, erst unmittelbar vor dem Servieren in einer Pfanne von etwa 25 cm Durchmesser in siedend heißem Öl von beiden Seiten braten. Die Fischfilets dürfen nicht austrocknen, sie sind in 6-7 Minuten gebraten.

Dillsoße

Den Fischfond mit dem Tokajer Furmint bei schwacher Hitze langsam auf $^1/_3$ reduzieren.

Die süße Sahne in einem 1-Liter-Schnellkocher auf die Hälfte reduzieren, den reduzierten Wein-Fischfond dazugießen, aufkochen, salzen, mit Zitronensaft abschmecken und im Mixer mit dem Dill pürieren, so daß es eine hellgrüne Soße ergibt. Bis zum Servieren warm halten.

Krebse

Die lebenden Flußkrebse mit der Nagelbürste scheuern. Die mittlere Schwanzflosse an der Wurzel fassen, um 180° drehen und die Eingeweide herausziehen.

In einem 3-Liter-Topf $^{1}/_{2}$ l Wasser mit Salz und Dill zum Kochen bringen, die geputzten und ausgenommenen Krebse in das siedende Wasser werfen und 5 Minuten kochen, bis sie rot werden.

Mit einem Schaumlöffel herausheben und unter kaltem Wasser abkühlen. 4 schöne Krebse im ganzen zum Garnieren zurückbehalten, die übrigen auslösen und das Krebsfleisch in Butter erhitzen.

Pilze

Die 4 zum Garnieren gedachten Champignonköpfe zusammen mit dem Zanderfilet in der Pfanne braten. Die kleingeschnittenen Champignons in Butter andünsten, salzen und pfeffern. Beim Anrichten mit einem Schaumlöffel aus dem Saft heben.

Beilage

8 Kartoffeln jeweils in die Form eines kleinen Faßes schneiden und in einem 2-Liter-Topf in Salzwasser garen. Abgießen und mit der Petersilie in erhitzter Butter schwenken.

Servieren

Auf 4 heißen Tellern die Dillsoße verteilen, darauf die gebratenen Zanderfilets mit den Champignonköpfen geben, auf der einen Seite das Krebsfleisch, auf der anderen die gedünsteten Champignons anordnen und auf jeden Teller einen ganzen Krebs auf je zwei in Petersilienbutter gewendete Kartoffelfäßchen legen.

Im Gegensatz zu der früheren Zubereitungsart dieses Gerichts erscheinen hier Zanderfilet, Champignon, Krebs und Petersilienkartoffeln auf dem Teller getrennt, was zusammen mit dem Krebsfleisch einen ästhetischen Anblick bietet.

Forelle in Dill-Joghurtschaum gebacken

Für 4 Personen

Zutaten

Für die Forellen

4 Forellen à 300 g
(am schmackhaftesten sind sie aus dem Szalajkavölgy)
Salz
1 gehäufter Eßl. Dill, feingewiegt
3 gehäufte Eßl. Mehl
$^{1}/_{2}$ Tasse Sonnenblumenöl

Für den Dill-Joghurtschaum

1 Tasse Joghurt
2 Eigelb, Salz
$^{1}/_{4}$ Teel. Puderzucker
2 gehäufte Eßl. Dill, feingewiegt
4 Eiweiß

Für das Gemüseragout

100 g Möhren
100 g Petersilienwurzeln, 100 g Broccoli
100 g Champignons, 100 g Zucchini
50 g Butter, Salz
1 Eßl. Petersilie, feingewiegt

Zubereitung

Zunächst den Joghurt in ein Leintuch einbinden und 3 Stunden abtropfen lassen. Den zurückbehaltenen dicken Joghurt mit 2 Eigelb, Salz, Puderzucker und Dill verrühren.

Die Forellen ausnehmen und den Kopf abschneiden. Die Mittelgräte so herausschneiden, daß die beiden Filetstücke am Schwanz zusammenbleiben.

Braten der Forellen

Die Forellen innen salzen und mit Dill bestreuen, die Filetseiten zusammendrücken und die Forellen in Mehl wenden. In einer Pfanne von 20-25 cm Durchmesser das Öl erhitzen, die Forellen darin von beiden Seiten bei mäßiger Hitze je 3 Minuten braten. Dann in eine flache Bratpfanne nebeneinanderlegen, auf der Oberseite von der Haut befreien und warm stellen.

Dill-Joghurtschaum

Die Eiweiß steifschlagen und vorsichtig unter das Joghurt rühren.

Die Forellen mit dem Joghurtschaum überziehen und in der Röhre bei 170 °C etwa 8 Minuten überbacken.

Gemüseragout

Das vorbereitete Gemüse in gleichgroße Stücke schneiden, Möhren, Petersilienwurzeln und Broccoli vorkochen und abkühlen lassen. In einer Pfanne von 20 cm Durchmesser die Butter zerlassen und das vorgekochte Gemüse zusammen mit den Champignons und Zucchini darin gar dünsten. Mit Salz und Petersilie abschmecken.

Servieren

Die überbackenen Forellen mit dem Gemüseragout anrichten.

Dieses köstliche Gericht brachte Georg Láng aus Übersee auf die Speisekarte des Restaurant Gundel. Die Zubereitung ist einfach und auch jenen Hausfrauen (und Hobbyköchen) zu empfehlen, die für die Küchenarbeit nicht so viel Zeit aufwenden wollen.

Pochiertes Forellenfilet mit Rotwein-Pilz-Soße

Für 4 Personen

Zutaten

Für die Forellenfilets

600 g Forellenfilet ohne Haut (8 Stück à 75 g)
Forellenköpfe und -gräten
50 g Möhren, kleingeschnitten
50 g Sellerie, kleingeschnitten
50 g Zwiebeln, kleingeschnitten
8 schwarze Pfefferkörner
2 Lorbeerblätter
Salz
1 Tasse trockener Weißwein

Für die Kartoffelkügelchen

600 g Kartoffeln, geschält

Salz

30 g Butter

1 Eßl. Petersilie, feingewiegt

4 Portionen Rotwein-Pilz-Soße (s. S. 183)

Zubereitung

Forellenfilets

Die Forellenköpfe und -gräten zusammen mit dem Gemüse, den Gewürzen, Salz und Weißwein in einen 3-Liter-Topf geben, den Topf zu 3/4 mit Wasser füllen, aufkochen und bei schwacher Hitze 1/2 Stunde köcheln lassen.

Den Fischfond durch ein Tuch in einen Fischkochtopf mit Einsatz seihen.

Die Forellenfilets zu Trichtern formen und mit einem Holzstäbchen fixieren, damit die Trichterform auch beim Pochieren erhalten bleibt.

Den Einsatz aus dem Fischtopf nehmen, die Forellenfilets daraufsetzen und in den heißen Fischfond geben. Noch so viel Wasser dazugießen, daß die Filets eben bedeckt sind. Die Fischbrühe eventuell nachsalzen.

Die Forellenfilets werden unmittelbar vor dem Servieren pochiert, und zwar bei sehr schwacher Hitze, die Fischbrühe soll nicht über 90 °C heiß sein. 8-10 Minuten reichen für das Pochieren.

Genau auf die Zeit achten, denn wenn die Filets zu lange im Fischfond bleiben, wird der Fisch trocken!

Die pochierten Forellenfilets mit dem Einsatz aus der Fischbrühe nehmen.

Kartoffelkügelchen

Aus den Kartoffeln Kügelchen von 1 cm Durchmesser ausstechen und in einem ½-Liter-Stieltopf in Salzwasser kochen. Abgießen und mit der Petersilie in Butter schwenken.

Servieren

Auf 4 vorgewärmten tiefen Tellern die erhitzte Rotwein-Pilz-Soße verteilen, je 2 pochierte Forellenfilets in die Soße geben und zum Schluß die Kartoffelkügelchen in die Soße streuen.

Anmerkung: Ist kein Fischkochtopf mit Einsatz vorhanden, kann auch ein anderer Topf verwendet werden. Die Forellenfilets dann nach dem Pochieren mit einem Schaumlöffel aus der Fischbrühe heben.

Zu diesem Fischgericht kann sowohl Weiß- als auch Rotwein gereicht werden.

Gundel-Fischsuppe

Für 4 Personen

Zutaten

240 g Karpfenfilet
500 g Karpfenkopf und -gräten
(ohne Augen, Bitterzahn und Kiemen)
240 g Welsfilet
500 g Welskopf und -gräten (ohne Kiemen)
240 g Zanderfilet
200 g Zwiebeln, in Ringe geschnitten
1 Knoblauchzehe
200 g Paprikaschoten, halbiert
50 g Tomaten
1 scharfe Kirschpaprikafrucht
2 Eßl. Gewürzpaprika, Salz
gezupfte Nudeln von 1 Ei (s. S. 186)

Zubereitung

Es empfiehlt sich, schon beim Kauf den Fischhändler zu bitten, die Fische zu putzen und zu filetieren.

Karpfen

Kopf, Gräten und Flossen in einen Topf von etwa 4 Liter Fassungsvermögen geben.

Die Filets waschen, abtrocknen und auf der Innenseite im Abstand von 1 mm bis zur Haut einschneiden. Beim Einschneiden spürt und hört man, wie die dünnen Gräten in mm-kleine Stücke zerkleinert werden. Die Haut hält die Filetscheiben zusammen. Die so eingeschnittenen Filets nun in 2-3 cm große Würfel schneiden und auf einem Teller beiseite stellen.

Wels

Gräten und Kopf zu den Karpfengräten in den Topf geben. Die Filets in 2-3 cm große Würfel schneiden und zu den Karpfenwürfeln geben.

Zander

Noch vorhandene Gräten aus den Filets entfernen, die Filets in 2-3 cm große Würfel schneiden und zu den übrigen Fischwürfeln geben.

Fischfond

Die Karpfen- und Welsgräten mit 10 Tassen Wasser auffüllen, zum Kochen bringen. Nach dem Aufkochen abschäumen. Zwiebeln, Knoblauch, Paprikaschoten, Tomaten, Kirschpaprika und 1 Eßl. Gewürzpaprika zufügen, schwach salzen und 1 Stunde bei schwacher Hitze kochen. Dabei verkocht die Brühe zur Hälfte.

Den Fischfond durch ein Sieb in einen 3-Liter-Topf seihen, den Sud dabei etwas ausdrücken.

Die Fischwürfel und eventuell vorhandenene Innereien (Rogen und Milch) in den Fischfond geben. Den restlichen Gewürzpaprika zufügen. 10-15 Minuten leise köcheln lassen, dann vom Feuer nehmen.

Servieren

Die gezupften Nudeln (Zubereitung s. S. 186) gesondert in Salzwasser kochen und vor dem Servieren der Fischsuppe zufügen.

Die Fischsuppe heiß in einer Schüssel oder einem Kessel beziehungsweise auf Tellern oder in Tassen anrichten.

Anmerkung: Die Suppe recht vorsichtig aufkellen, damit die Fischwürfel nicht zerfallen. Der Geschmack des scharfen Paprikas sollte leicht vorherrschen. Die Suppe soll gehaltvoll sein und kalt gelieren.

Diese Art der Fischsuppe ist besonders beliebt, weil sie keine Gräten enthält.

Károly Gundel hat die seinen Namen tragende Fischsuppe in Erneuerung der alten Tradition aus dreierlei Fischsorten zubereitet. Ich bin ihm in meinem Rezept gefolgt und habe ebenfalls die drei Fischsorten – Karpfen, Wels und Zander – verwendet. Auch die gezupften Nudeln (csipetke) empfehle ich im Zeichen der Gundel-Tradition: Auf einer alten Speisekarte des Gartenrestaurant Gundel aus dem Museum des Gaststättengewerbes entdeckte ich das Gericht „Gundel-Fischsuppe mit gezupften Nudeln".

Hauptgerichte

Frühlingstaubenbrust mit Malteser-Soße

Für 4 Personen

Zutaten

Für die Taubenbrust

4 junge Taubenbrüste
160 g gemästete Entenleber
1 kleinerer Trüffel, in dünne Scheiben geschnitten
Salz, weißer Pfeffer, frisch gemahlen
1 Eßl. Brandy
Öl zum Braten, 300 g Blätterteig, 1 Ei

Für den gebleichten Spargel

500 g gebleichter Spargel, geschält
½ Teel. Salz, ¼ Teel. Zucker

Für den Grünspargel

500 g Grünspargel, geschält
1/2 Teel Salz
1 Messerspitze Natron
4 Portionen Malteser-Soße
(s. S. 184)

Für die Kartoffeln

300 g Vorjahrskartoffeln, geschält
400 g neue Kartoffeln, geputzt
1 Eßl. Petersilie, feingewiegt
40 g Butter
1 l Sonnenblumenöl
zum Fritieren

Zubereitung

Taubenbrust

Die Taubenbrüste entbeinen und häuten. Die Knochen und die Haut in der Röhre anrösten, in einem kleinen Topf mit 2 Tassen Wasser zum Kochen bringen und bei schwacher Hitze köcheln lassen (30 Minuten). Laufend abschäumen und entfetten. Auf ein Viertel reduzieren, durch ein Teesieb seihen und bis zum Servieren beiseite stellen.

Die Taubenbrüste salzen und pfeffern. Die Entenleber in 8 Scheiben à 20 g schneiden und mit Brandy beträufeln. Zwischen je 2 Leberscheiben etwas von dem Trüffel geben und zwischen je 2 Taubenbruststücke ein mit Trüffel gefülltes Lebersandwich legen. Die Taubenbruststücke paarweise zusammenschlagen, etwas formen und mit weißem Zwirnsfaden zusammenbinden.

Die Taubenbrüste in einer mit Öl bepinselten, erhitzten Pfanne von beiden Seiten kurz anbraten, gut abkühlen lassen und den Zwirnsfaden entfernen.

Den Blätterteig auf einem bemehlten Kuchenbrett 2 mm dünn ausrollen. Netzförmig einschneiden und in vier Teile schneiden.

Auf jede Taubenbrust ein auseinandergezogenes Teignetz legen und die Teigränder unter die Brust schlagen.

Den Teig obenauf mit verquirltem Ei bestreichen. Die Taubenbrüste in eine Bratpfanne legen und wieder in den Kühlschrank stellen.

Erst unmittelbar vor dem Servieren in der Röhre bei 180 °C 15 Minuten fertig backen.

Gebleichter Spargel

Den geschälten Spargel in 6-7 cm lange Stücke schneiden, in einem 1-Liter-Topf mit 2 Tassen Wasser, Salz und Zucker zum Kochen ansetzen und bei mittlerer Hitze 12 Minuten dünsten.

Grünspargel

In einem 1-Liter-Topf 2 Tassen Wasser mit Salz und Natron zum Kochen ansetzen, den in 6-7 cm lange Stücke geschnittenen Grünspargel darin 1 Minute überbrühen, abgießen und mit kaltem Wasser abspülen.

Anmerkung: Die ausführliche Beschreibung für das Schälen und Dünsten von Spargel s. S. 14. Die Zubereitung der Maltesersoße s. S. 184

Kartoffeln

Die Vorjahrskartoffeln in dünne Streifen (Stroh) schneiden und in einem Backgerät für Nestkörbchen in reichlich siedendem Öl 4 Kartoffelnester davon backen (s. S. 106). Die neuen Kartoffel in Salzwasser kochen, abgießen und mit der Petersilie in Butter schwenken.

Servieren

Die Kartoffelnester mit den neuen Kartoffeln füllen, auf heiße Teller stellen und ringsherum den gebleichten Spargel und den erwärmten Grünspargel anordnen.

Die Taubenbrüste schräg halbieren und die Hälften etwas auseinandergezogen vor der Beilage placieren, so daß die Schnittfläche zu sehen ist. Zwischen die Taubenbrusthälften jeweils 1 Löffel Knochenbrühe geben. Den Spargel mit der Malteser Soße begießen, so daß die Spargelköpfe frei bleiben.

Anmerkung: Das Einschneiden des Teignetzes erfordert, sofern es nicht mit einem speziellen Gerät geschieht, große Geschicklichkeit. Einfacher läßt es sich mit dünn geschnittenen Teigstreifen lösen, die gitterförmig über die Taubenbrust gelegt werden.

Die Küchenchefs des Gundel haben dieses „Gaumen und Magen erfreuende" Gericht zum hundertjährigen Bestehen des Restaurants kreiert. Das Schicksal fügte es, daß das Zentenarium mit dem Geburtstag des Gundel-Restaurators zusammenfiel. So kam die neue Kreation zur Geburtstagsfeier von Georg Láng erstmalig auf die Gundel-Tafel - und ist seitdem eine beliebte Spezialität des Hauses.

Paprikahühnchen auf Hausfrauenart, nach Rezept der Familie Lauder

Für 4 Personen

Zutaten

Für das Paprikahühnchen

2 Hühnchen à 900 g, küchenfertig
1/4 Tasse Sonnenblumenöl
200 g Zwiebeln, feingehackt
2 g Knoblauch, zerstoßen
1 Teel. Gewürzpaprika (aus Kalocsa)
1 Teel. Salz, scharfer Paprika
60 g Tomaten, geschält,
entkernt und in 5 cm große Würfel geschnitten
120 g Paprikaschoten,
in 1 cm große Würfel geschnitten
1 Tasse saure Sahne

4 Portionen Nockerln (s. S. 187)

Für die Garnierung

1 Tasse saure Sahne
1 kleine Paprikaschote,
vom Samenstand befreit und in Ringe geschnitten
1 Eßl. Sonnenblumenöl

Zubereitung

Paprikahühnchen

Die Hühnchen waschen, trocken tupfen, vierteln und die fettigen Teile entfernen.

In einem Schmortopf von 25-30 cm Durchmesser das Öl erhitzen, die Zwiebeln darin bei mittlerer Hitze goldbraun anrösten, vom Feuer nehmen, den Koblauch zufügen, mit Gewürzpaprika bestreuen, verrühren und mit 2 Tassen Wasser ablöschen.

Die zerlegten Hühnchen hineingeben, salzen, nach Belieben mit scharfem Paprika würzen und zugedeckt bei schwacher Hitze schmoren. Nach 20 Minuten Schmorzeit die Tomaten zufügen und weitere 20 Minuten schmoren.

Wenn das Fleisch gar ist, aus dem Paprikasaft nehmen, auf einen Teller geben und den Saft mit den gewürfelten Paprikaschoten 15 Minuten schmoren lassen.

Das etwas abgekühlte Fleisch entbeinen, häuten, in die Soße zurückgeben und nochmals erhitzen.

Die Zubereitung der Nockerln s. S. 187.

Servieren

Die heißen Nockerln auf der einen Hälfte der vorgewärmten Teller anhäufen. Auf der anderen Tellerhälfte in gleichen Portionen von Hühnchenbrust und -keule geben. Den heißen Paprikasaft über das Fleisch gießen und ein wenig erwärmte saure Sahne darüberträufeln.

Obenauf mit Paprikaringen garnieren, die in sehr wenig Öl angebraten wurden.

Die Familie von Ronald S. Lauder, dem amerikanischen Miteigentümer des Gundel, stammt aus der ungarischen Stadt Sátoraljaújhely. Paprikahühnchen war von je her das Lieblingsgericht der Familie. Die hier beschriebene Zubereitungsart dieses sehr häufig auf der Speisekarte des Restaurant Gundel stehenden Gerichts geht auf das Rezept der Großmutter zurück.

Pute mit Maronenfüllung

Für 8-10 Personen

Zutaten

Für die Pute

1 Pute (5 kg), küchenfertig
Salz
weißer Pfeffer, frisch gemahlen
Öl zum Braten

Für die Füllung

120 g Bacon, kleingewürfelt
2 Eßl. Sonnenblumenöl
120 g Zwiebeln, feingehackt
6 Tasse Semmelwürfel, getrocknet
1¼ Tasse Fleischbrühe

6 Eier, 500 g Maronen
1 Eßl. Salbei, feingewiegt
2 Eßl. Petersilie, feingewiegt
Salz, weißer Pfeffer, frisch gemahlen

Für die Soße

1 Teel. Tomatenmark
2 Eßl. Mehl

Für die gebratenen Quitten

5 große schöne Quitten
60 g Butter
10 Nelken
2 Eßl. Puderzucker
8 Portionen Kartoffelkrokettenteig (s. S. 189)
100 g Mandelstifte
60 schwarze Pfefferkörner
Öl zum Fritieren

Zubereitung

Pute

Die Pute waschen und trocken tupfen. Vom Hals aus mit den Fingern an der Brust vorsichtig die Haut vom Fleisch ziehen, damit die Pute auch unter der Haut gefüllt werden kann. Innen und außen salzen und etwas pfeffern.

Füllung

Die Maronen mit dem Messer aus der dicken Schale lösen. In der vorgeheizten Röhre in einer 2-3 cm tiefen Pfanne bei 200 °C mit Wasser bespritzen und unter wiederholtem Schütteln oder Wenden 8-10 Minuten rösten. Herausnehmen, lauwarm abkühlen lassen und auf einem Küchentuch die braune Schale von den Maronen abreiben. Noch verbliebene Schalenreste mit einem kleinen Messer nachputzen und die Maronen in 1/2 cm kleine Stücke zerkleinern.

In einer tiefen Pfanne von etwa 15 cm Durchmesser die Speckwürfel in Öl auslassen und die Zwiebeln darin unter Rühren mit dem Kochlöffel glasig anschwitzen. Die übrigen Zutaten der Füllung in einer Schüssel miteinander vermengen und die Zwiebelschwitze unterrühren.

Mit dem Löffel oder dem Spritzbeutel ein wenig von der Füllung unter die Brusthaut der Pute geben (die Schicht soll 2-2 1/2 cm dick sein). Mit der übrigen Füllmasse die Bauchhöhle füllen. Die gefüllte Pute in eine entsprechend große, mit Öl gefettete Bratpfanne legen, die Flügel nach hinten drehen und die Keulenenden zusammenbinden (dressieren).

Die Pute obenauf leicht mit Öl bepinseln und in der Röhre zunächst 15 Minuten bei 200 °C, dann 2 1/4 Stunde bei 160 °C braten und alle 10-15 Minuten mit dem eigenen Saft beträufeln. Wenn die Pute gar ist, herausnehmen und auf einer Platte noch 15 Minuten vor dem Servieren rasten lassen. So läßt sie sich leichter aufschneiden.

Soße

In den zurückgebliebenen Bratensaft das Tomatenmark einrühren und anrösten, das Mehl darüberstäuben und ebenfalls anbräunen. Mit 3 Tassen Wasser ablöschen, aufkochen, 5 Minuten kochen lassen, durchseihen und in eine Sauciere geben.

Gebratene Quitten

Die Quitten waschen, den wolligen Überzug der Schale abreiben, die Früchte halbieren und vom Kernhaus befreien. Mit zerlassener Butter bestreichen und in einer Pfanne mit der Schale nach oben nebeneinanderlegen. Die Schale leicht überkreuz einschneiden, mit je 1 Nelke spicken und mit Puderzucker bestreuen. In der Röhre bei 180 °C weich braten.

Zur Probe mit der Fleischnadel einstechen. Wenn sich die Nadel leicht einstechen läßt, sind die Quitten gut durchgebraten.

Die Zubereitung des Kartoffelkrokettenteigs s. S. 189.

Den Kartoffelkrottenteig mit der Hand zu Igeln formen, von Mandelstiften die Stacheln eindrücken und mit Pfefferkörnern Nase und Augen markieren. In siedend heißem Öl ausbacken.

Servieren

Die Pute wird im ganzen auf die Festtafel aufgetragen, Soße und Beilagen werden gesondert gereicht. Das Zerlegen und Vorlegen der Pute ist eine Zeremonie, die traditionell der Familienvater übernimmt.

Ursprünglich trat die Pute im 17. Jahrhundert in England an die Stelle der bis dahin üblichen Weihnachtsgans – in den ungarischen Familien wurde sie erst wesentlich später zu einem beliebten weihnachtlichen Festessen. Ein echtes „Nationalgericht“ ist sie in den USA, wo am Thanksgiving Day, gebratene Pute mit Maronenfüllung und Preiselbeersoße auf die Tafel kommt.

Brézóer Ente à la Mikszáth

Für 4 Personen

Zutaten

Für die Ente

2 Enten à 1,8 kg, küchenfertig
Salz
½ Teel. Majoran, getrocknet
2 mittelgroße Äpfel

Für die Beilage

2 altbackene Semmeln
1 Eßl. Sonnenblumenöl
1 Scheibe Bacon
1 Eßl. Zwiebeln, feingehackt
50 g Champignons,
in 3 mm große Würfel geschnitten
40 g trockene Räucherwurst,
in 3 mm große Würfel geschnitten
Salz
schwarzer Pfeffer,
frisch gemahlen
1 Eßl. Petersilie, feingewiegt
2 Eier
10 g Butter
1 Eßl. Semmelbrösel

Für die gefüllten Äpfel

4 mittelgroße Äpfel
2 Eßl. Zucker

2 Nelken
Saft von 1/2 Zitrone
1/2 Tasse Preiselbeerkonfitüre

Zubereitung

Ente

Die Enten innen und außen salzen und die Bauchhöhle mit Majoran bestreuen.

Jeweils einen ganzen Apfel in die Bauchhöhle pressen, die Enten in eine Pfanne legen und in der Röhre bei 165 °C 1 Stunde und 40 Minuten braten.

Von Zeit zu Zeit mit dem eigenen Fett beträufeln und zwei- bis dreimal wenden, damit die Enten schön gleichmäßig braun werden. Sollte sehr viel Fett ausbraten, das Fett in einen kleinen Topf abgießen.

Die gebratenen Enten vierteln, entbeinen, die Stücke mit der Haut nach oben in die Pfanne zurückgeben und noch ein paar Minuten knusprig braten.

Beilage

Die Semmeln in Wasser weichen, gut ausdrücken und in eine 2-Liter-Schüssel geben.

In einer kleinen Pfanne die Speckwürfel in Öl auslassen und die Zwiebeln darin goldbraun anrösten. Champignons und Wurst zufügen und 2-3 Minuten bei mittlerer Hitze anbraten. Vom Feuer nehmen, zu den ausgedrückten Semmeln geben, salzen, pfeffern, mit Petersilie würzen und schließlich die Eier unterrühren.

4 Puddingformen innen mit Butter ausstreichen und mit Semmelbröseln bestreuen. Die Semmelmasse in den Formen verteilen und in der Röhre bei 150 °C 30 Minuten backen.

Gefüllte Äpfel

Vom Stielende der Äpfel einen fingerdicken Hut abschneiden und beiseite legen.

Auch von der Blütenseite eine Scheibe abschneiden, damit die Äpfel einen Sockel bekommen. Die Äpfel mit einem Wellenmesser schälen, mit einem Gemüseausstecher das Kernhaus entfernen, und zwar so, daß die Unterseite nicht durchstochen wird und der Apfel mit 2 Teel. Preiselbeerkonfitüre gefüllt werden kann.

1 l Wasser mit Zucker, Nelken, und Zitronensaft zum Kochen ansetzen und die Äpfel darin überbrühen. Je nach Apfelsorte sind sie in 3-5 Minuten halbweich. Aus dem Wasser nehmen und gut abtropfen lassen.

Die überbrühten Äpfel mit der Preiselbeerkonfitüre füllen und den Hut aufsetzen.

Servieren

Auf jeden Teller aus den Puddingformen eine Semmelbeilage stürzen, daneben je 1 gefüllten Apfel setzen und von den heißen, knuspriggebratenen und in 4 Teile zerlegten Enten je eine Keule und eine Brusthälfte geben.

Frischgebratene Kaninchen-Krone mit Wurstletscho

Für 4 Personen

Zutaten

Für die Kaninchen-Krone

4 Kaninchenkoteletts (insgesamt 900 g), nur mit Rippenknochen, küchenfertig, Salz
3 Teel. frischer Rosmarin, feingewiegt
weißer Pfeffer, frisch gemahlen
3 Eßl. Sonnenblumenöl zum Braten

Für das Letscho

1 Eßl. Sonnenblumenöl
50 g Bacon, kleingewürfelt
100 g Zwiebeln, feingehackt

2 Teel. Gewürzpaprika

150 g Tomaten, geschält, entkernt und in 1 cm große Würfel geschnitten

500 g grüne Paprikaschoten, in 1 cm große Würfel geschnitten, Salz

scharfer Kirschpaprika

100 g trockene Räucherwurst, in 3 mm große Würfel geschnitten

Für die Kartoffelbeilage

400 g Kartoffeln, geschält

Salz

50 g Butter

2 Teel. Petersilie, feingewiegt

Zubereitung

Kaninchen-Krone

Die Kaninchenkoteletts salzen und mit Rosmarin und Pfeffer würzen. Aufrollen, zu einer „Krone" formen und mit Holzstäbchen fixieren.

In einer Pfanne das Öl erhitzen und die Kaninchen-Kronen darin anbraten. Dann in der Röhre bei 170 °C 10 Minuten braten.

Letscho

In einer Pfanne die Speckwürfel in Öl auslassen, die Zwiebeln darin goldgelb anrösten, vom Feuer ziehen, mit Gewürzpaprika bestreuen, verrühren, Tomaten, Paprikaschoten und Wurst zufügen, salzen, nach Belieben mit scharfem Paprika würzen und zugedeckt bei mäßiger Hitze 8-10 Minuten dünsten.

Kartoffeln

Die Kartoffeln in Längsstücke schneiden, in einem kleinen Topf in Salzwasser kochen, abgießen und in zerlassener Butter mit Petersilie schwenken.

Servieren

Auf 4 heiße Teller in die Mitte das Letscho geben und ringsherum wie einen Kranz die Petersilienkartoffeln anordnen. Aus der Kaninchen-Krone die Holzstäbchen entfernen und die „Krone" auf das Letscho setzen.

Dieses Gericht habe ich anläßlich eines Gundel-Essens kreiert, als ein befreundeter französischer Küchenchef zu einem Besuch in Budapest weilte. Er hat mich mit seinem Vorbild und seinen Ratschlägen dazu inspiriert, eine alte und fast schon in Vergessenheit geratene Regionalspeise zu einem feinen und auch das Auge ansprechenden Gericht umzuwandeln ...und so das bescheidene Kaninchen zu „krönen".

Geflochtene Kalbslende à la Königin Elisabeth

Für 4 Personen

Zutaten

Kalbskrone

2 gehäutete Kalbslenden (720 g)
Salz
3 Eßl. frische Kräuter, feingewiegt
(Rosmarin, Basilikum, Salbei, Oregano)
3 Eßl. Sonnenblumenöl

4 Portionen Naturreis-Konfetti (s. S. 188)

Für die gefüllten Pilze

4 große Speisemorcheln

40 g Gänseleber,
in 3 mm große Würfel geschnitten
Salz, schwarzer Pfeffer, frisch gemahlen
20 g Butter

Für das Kartoffelpüree

200 g Kartoffeln, geschält und geviertelt
1 Eigelb, Salz
Muskat, gerieben

Für die Kartoffelgitter

20 Scheiben gehobelte Kartoffelgitter
Öl zum Ausbacken
1 Tasse Rotwein (Gundel Erlauer Merlot)
1 Tasse Kalbs-Demiglace (s. S. 182)
frische Kräuter
(Rosmarin, Basilikum, Salbei) zum Garnieren

Zubereitung

Die Kalbslenden längs halbieren und jedes Lendenstück in 3 Streifen schneiden, aber am dickeren Ende im ganzen lassen.

Salzen, die Fleischstreifen in den frischen Kräutern wenden – dabei richtig rund rollen – und von jedem Lendenstück die 3 Streifen zu einem Zopf flechten.

Ein Stahlrohr von etwa 30 cm Länge und 6 cm Durchmesser mit Öl bepinseln, die 4 Kalbslendenzöpfe nebeneinander um das Rohr legen und die Zopfenden mit einer Fleischnadel zusammenstecken.

Auf einem mit Öl bestrichenen Grillrost unter wiederholtem Drehen ringsherum schön braun anbraten, dann in der Röhre bei 170 °C etwa 15 Minuten braten, vom Rohr ziehen, die Fleischnadeln herausnehmen und die Kronen auf einen Teller setzen.

Zubereitung des Naturreis-Konfettis s. S. 188

Gefüllte Pilze

Die gewaschenen Speisemorcheln kurz in heißes Wasser tauchen, gut abtropfen lassen und abtrocknen.

Die Gänseleber salzen, pfeffern und die Speisemorcheln damit füllen. In einem kleinen Topf die Butter zerlassen, die gefüllten Pilze hineingeben, leicht salzen, pfeffern und zugedeckt bei schwacher Hitze unter leichtem Schütteln des Topfes etwa 2 Minuten anrösten. Bis zum Servieren beiseite stellen.

Kartoffelpüree

Die Kartoffeln in Salzwasser garen, abgießen, in eine kleine Schüssel geben, stampfen, mit dem Schaumschläger das Eigelb unterrühren, salzen, mit Muskat würzen und warm stellen.

Kartoffelgitter

Die Kartoffelgitter 1-2 Stunden vor dem Servieren zubereiten: Auf einem Wellenhobel die Enden der Kartoffel abschneiden und bei jeder Hobelbewegung die Kartoffel um 90° drehen. So entstehen (wenn der Hobel auf dünnes Schneiden eingestellt ist) zwischen den Längs- und Querstreifen kleine Löcher, die das Gittermuster ergeben.

In reichlich siedend heißem Öl goldbraun und knusprig backen.

1 Tasse Rotwein guter Qualität in einem kleinen Gefäß auf $^1/_4$ reduzieren, die Kalbs-Demiglace dazugießen, salzen, aufkochen und warm stellen.

Servieren

In die Mitte der Teller die Kalbskrone setzen, mit dem Naturreis-Konfetti füllen und obenauf je 1 gefüllte Speisemorchel setzen.

Das Kartoffelpüree in einen Spritzbeutel mit Sterntülle füllen, gleichmäßig verteilt je 5 Sterne Kartoffelpüree auf die Kalbskrone spritzen und in die Kartoffelpüree-Sterne die Kartoffelgitter stellen.

Seitlich das Fleisch mit Rotwein-Demiglace bepinseln.

Ringsherum mit frischen Kräutern garnieren.

Als die englische Königin Elisabeth II. im Mai 1993 zu einem offiziellen Besuch in Ungarn weilte, wurde zu Ehren der britischen Herrscherin und ihres Gemahls Herzog Philipp von Edinburgh im „Königin-Elisabeth-Ballsaal" des Gundel ein Dinner gegeben. Es war der erste Ungarnbesuch einer englischen Königin, und zu diesem festlichen Anlaß habe ich die zur Krone geformte „Geflochtene Kalbslende" kreiert.

György Láng hatte die Idee, alle Gänge des Menüs in Form einer Krone auf die Tafel zu bringen.

Kalbskotelett nach Pittsburgher Art

Für 4 Personen

Zutaten

Für das Fleisch

4 Kalbskoteletts (insgesamt 1 kg)
4 Scheiben Gänseleber (insgesamt 200 g)
Salz, weißer Pfeffer, frisch gemahlen
3 Eßl. Sonnenblumenöl

Für die Soße

1 Eßl. Sonnenblumenöl
200 g Champignons, in dünne Streifen geschnitten
40 g Prager Schinken, in dünne Streifen geschnitten
1 Tasse Braune Soße (s. S. 181)
½ Tasse trockener Rotwein
Salz, weißer Pfeffer, frisch gemahlen

Für die Kartoffeln

20 Scheiben gehobelte
Kartoffelgitter
200 g Kartoffelkroketten (s. S. 189)
Öl zum Braten

Für den Mais

40 g Butter
2 Tassen Maiskörner, gekocht
1 Eßl. Mehl
2 Eßl. Dill, feingewiegt
Salz
1 Tasse süße Sahne

Zubereitung

Kalbskoteletts und Gänseleber salzen, pfeffern und bis zum Braten beiseite stellen.

Soße

In einem 1/2-Liter-Stieltopf das Öl erhitzen und Champignons und Schinken darin anrösten (etwa 3 Minuten).

Die Braune Soße darübergießen, den auf 1/3 eingekochten Rotwein zufügen und 5 Minuten kochen lassen. Mit Salz und Pfeffer abschmecken und bis zum Servieren warm stellen.

Kartoffeln

In einem Backgerät für Nestkörbchen aus jeweils 5 gehobelten Kartoffelgittern in reichlich siedend heißem Öl ein Kartoffelnest ausbacken.

Das Backgerät für Nestkörbchen besteht aus einem kleineren und einem größeren halbrunden Drahtnetz mit Griff.

Die Kartoffelscheiben werden zwischen die beiden halbrunden Teile gegeben und so in siedend heißem Öl fritiert. Kartoffelnester können aus Strohkartoffeln, aus dünnen Kartoffelscheiben und aus gehobelten Kartoffelgittern gebacken werden.

Der Korb zum Backen von Nestkörbchen ist in Fachgeschäften für Küchengeräte erhältlich.

Das Hobeln der Kartoffelgitter s. S. 103

Die Kartoffelkroketten ebenfalls in siedend heißem Öl ausbacken.

Sahne-Mais

In einem 2-Liter-Stieltopf die Butter zerlassen, den gekochten Mais darin erhitzen, mit Mehl bestäuben, mit einem Holzlöffel umrühren, den Dill zufügen, salzen, die süße Sahne dazugießen, unter Rühren bei mäßiger Hitze 3-4 Minuten kochen und warm stellen.

In einer Pfanne von 30 cm Durchmesser 2 Eßl. Öl erhitzen und bei starker Hitze die Kalbskoteletts darin von beiden Seiten anbraten. In eine Bratpfanne geben und in der Röhre bei 180 °C 15 Minuten braten.

In einer Pfanne von 20 cm Durchmesser 1 Eßl. Öl erhitzen und bei mittlerer Hitze die Gänseleberscheiben darin von beiden Seiten je 2 Minuten braten.

Servieren

Auf ein Drittel der heißen Teller den Sahne-Mais geben, auf ein weiteres Drittel die Soße gießen, die gebratenen Koteletts in die Soße legen und obenauf die Gänseleberscheiben.

Auf das letzte Tellerdrittel das Kartoffelnest setzen und mit Kartoffelkroketten füllen.

Es müssen nicht die ganze Soße und der ganze Mais auf den Tellern verteilt werden, was zurückbleibt, kann nachgereicht werden.

Wer geschickt ist, kann die Koteletts noch mit schön geschnittenen Champignonköpfen garnieren.

Als der Bürgermeister der amerikanischen Stadt Pittsburgh 1932 in Budapest weilte, wurde ihm zu Ehren ein Bankett veranstaltet, zu dem Károly Gundel dieses Gericht kreierte. Die Kombination von Kalbskotelett, Gänseleber, Schinken und Champignons blieb ein typisches „Gundel-Gericht", das bis heute zu den beliebten Speisen auf der Speisekarte des Restaurant Gundel zählt.

Gefüllte Kohlrabi

Für 4 Personen

Zutaten

8 junge Kohlrabi
1 altbackene Semmel
1 Tasse süße Sahne
400 g Kalbsgehacktes
1 Ei, Salz
weißer Pfeffer,
frisch gemahlen
1 Bund Petersilie, feingewiegt
1 Tasse Fleischbrühe
20 g Butter
3 Eßl. Mehl
1 Tasse Milch

Zubereitung

Von den Kohlrabi die Blätter abschneiden, mit Ausnahme von 2-3 kleineren Blättern, die zusammen mit der zarten oberen Schale abgeschnitten werden und später als Garnierung dienen.

4 größere Kohlrabiblätter überbrühen, die zarteren Kohlrabiblätter kleinhacken. Die Kohlrabiknollen schälen und mit dem Gemüseausstecher, von der unteren Seite her beginnend, aushöhlen.

Die Semmel in der Hälfte der süßen Sahne weichen, mit dem Kalbsgehackten und dem Ei vermengen, salzen, pfeffern und die Hälfte der Petersilie zufügen. Mit der Hackfleischmasse die ausgehöhlten Kohlrabiknollen füllen, die übrigbleibende Füllung auf den überbrühten Kohlrabiblättern verteilen und zu Rouladen einrollen.

Die gefüllten Kohlrabi, die Kohlrabirouladen, das ausgeschabte Kohlrabifleisch, die kleingehackten Kohlrabiblätter und die restliche Petersilie in einen Schmortopf von etwa 20 cm Durchmesser geben, mit der Fleischbrühe und etwa 1 Tasse Wasser übergießen und zugedeckt dünsten. Sind die gefüllten Kohlrabi und die Kohlrabirouladen gar, aus dem Schmorsaft nehmen und in einer Schüssel warm halten.

In einem 1-Liter-Topf die Butter zerlassen, unter Rühren mit dem Kochlöffel das Mehl darin erhitzen, vom Feuer nehmen und mit dem Schaumschläger die Milch und die restliche süße Sahne einrühren. Das angerührte Mehl zu dem Kohlrabischmorsaft geben, unter ständigem Rühren aufkochen lassen und bei schwacher Hitze 10 Minuten kochen. Eventuell nachsalzen.

Servieren

Die gefüllten Kohlrabi und die Kohlrabirouladen mit der sämigen Soße begießen und mit den zurückbehaltenen zarten Kohlrabiblättern garnieren.

Kalbspörkölt mit Nockerln

Für 4 Personen

Zutaten

Für das Pörkölt

¼ Tasse Sonnenblumenöl
150 g Zwiebeln, kleingehackt
1 Knoblauchzehe
2 Eßl. Gewürzpaprika
720 g Kalbfleisch (Schulter oder Keule), in 2 cm große Würfel geschnitten
Salz
80 g Tomaten, geschält, entkernt und in 5 mm große Würfel geschnitten
120 g Paprikaschoten, in 1 cm große Würfel geschnitten
scharfer Paprika
4 Portionen Nockerln (s. S. 187)
100 g bunte (grüne, gelbe, rote) Paprikawürfel
1 Teel. Sonnenblumenöl

Zubereitung

Pörkölt

In einem Schmortopf von etwa 20 cm Durchmesser das Öl erhitzen und die Zwiebeln darin goldbraun rösten. Vom Feuer ziehen, Knoblauch und Gewürzpaprika zufügen, verrühren, mit einer ¾ Tasse Wasser ablöschen, die Fleischwürfel hineingeben, aufkochen lassen, salzen und zugedeckt bei schwacher Hitze schmoren.

Nach drei Viertel der Schmorzeit (20-25 Minuten) die Tomaten und Paprikaschoten zufügen, eventuell auch scharfen Paprika und fertig schmoren. Bis zum Servieren warm halten.

Die Zubereitung der Nockerln s. S. 187.

Servieren

Auf 4 vorgewärmten Tellern die heißen Nockerln verteilen, in der Mitte zu einem Nest ausformen und das Kalbspörkölt mit dem Saft in den Nockerlnring geben. Mit den in heißem Öl angerösteten bunten Paprikawürfeln garnieren.

Lende à la Franz Liszt
mit Gänseleber
und Rotwein-Pilz-Soße

Für 4 Personen

Zutaten

720 g Lende (4 Scheiben à 180 g)
Salz, weißer Pfeffer, frisch gemahlen
¼ Tasse Sonnenblumenöl zum Braten
200 g Gänseleber
(4 Scheiben à 50 g)
4 Champignonköpfe
4 Portionen Gemüsebeilage, gekocht,
gedünstet, gebacken
(von einem Gemüse der Saison)
8 Kartoffelkroketten (s. S. 189)
4 Portionen Rotwein-Pilz-Soße (s. S. 183)

Zubereitung

Die Lendenscheiben schön rund und hoch formen, salzen, pfeffern und mit weißem Zwirnsfaden umwickeln. In einer mit Öl gefetteten heißen Pfanne kurz anbraten und in der Röhre bei 180 °C nach Belieben braten: saignant (noch blutend), à point (nicht ganz durchgebraten, also rosa) oder bien cuit (völlig durchgebraten).

Die Gänseleberscheiben salzen, pfeffern und in einer mit Öl gefetteten heißen Pfanne bei mäßiger Hitze braten (etwa 2 Minuten die eine Seite, dann wenden und noch 1 Minute die andere Seite).

Die Champignonköpfe mit einem kleinen Messer zur Verzierung ein wenig einschneiden und in der Pfanne braten (etwa 3 Minuten).

Servieren

Von den gebratenen Lendenscheiben den Zwirnsfaden entfernen, auf jeden Teller in die Mitte eine Fleischscheibe geben, darauf die Gänseleberscheibe und obenauf den verzierten Champignon.

Ringsherum eine dekorative, bunte Gemüsebeilage und die fritierten Kartoffelkroketten anordnen.

Die Rotwein-Pilz-Soße gesondert in der Sauciere reichen.

Lende war das Lieblingsgericht von Franz Liszt. Wo immer er in der Welt ein Konzert gab, erfreuten ihn die Gastgeber auf dem ihm zu Ehren veranstalteten Bankett mit Beefsteak. Die mit Gänseleber kombinierte Lende à la Franz Liszt erinnert auch an seinen großen Vorgänger Rossini, der ein bekannter Gourmet und ausgezeichneter Koch war und einige hervorragende Gerichte mit Gänseleber kreiert hat.

Lendenschnitten nach Habsburger Hochzeitsschmaus

Für 4 Personen

Zutaten

Für die Lendenschnitten

720 g Lende
(8 Scheiben à 90 g)
Salz
schwarzer Pfeffer, frisch gemahlen
¼ Tasse Sonnenblumenöl

Für die Blätterteigtiegel

400 g Butterblätterteig
1 Ei
200 g trockene Bohnen

Für das Ragout

30 g Butter
50 g Zwiebeln, feingehackt
100 g Steinpilze, in 2 cm große Stücke geschnitten
100 g Hahnenhoden, gekocht und halbiert
100 g Hahnenkamm, gekocht und halbiert
100 g Kalbsbries, gekocht und
in 2 cm große Stücke geschnitten
Petersilie, feingewiegt
Salz
schwarzer Pfeffer, frisch gemahlen
1 Tasse Demiglace (s. S. 182)

Für das Gemüse

4 handtellergroße schöne, grüne Wirsingkohlblätter
Salz
1 Prise Natron
4 Portionen Naturreis-Konfetti (s. S. 188)
8 fingerdicke junge Möhren, gedünstet
20 g Butter

Zubereitung

Lende

Die Lendenschnitten schön rund formen, salzen und pfeffern. Erst unmittelbar vor dem Servieren braten.

Auf einer mit Öl bepinselten Grillplatte oder in einer mit Öl gefetteten Pfanne die Fleischscheiben von beiden Seiten kurz anbraten und in der Röhre bei 180 °C nach Belieben braten: saignant (noch blutend), à point (nicht ganz durchgebraten, also rosa) oder bien cuit (völlig durchgebraten).

Blätterteigtiegel

Den Butterblätterteig auf einem bemehlten Kuchenbrett 2 mm dünn ausrollen und mit einem runden Ausstecher von 8 cm Durchmesser 4 runde Teigscheiben ausstechen.

4 runde Backformen von 5 cm Durchmesser und 2 cm Höhe mit den runden Teigscheiben auskleiden, das werden die Tiegel. 4 fingerbreite Streifen aus dem Teig schneiden, mit verquirltem Ei als Stiel an die Innenseite des Tiegels kleben, nach außen biegen und das herausstehende Stielende mit Folie stützen. Die Teigtiegel auf ein Backblech geben, innen mit den trockenen Bohnen füllen und in der Röhre 8 Minuten bei 180 °C backen.

Mit einem Ausstecher von 5 cm Durchmesser noch 4 runde Teigscheiben als Tiegeldeckel ausstechen, in die Mitte einen kleinen Teigknopf setzen, mit verquirltem Ei bestreichen und ebenfalls in der Röhre 8 Minuten bei 180 °C backen.

Die Bohnen aus den Tiegeln schütten, die gebackenen Tiegel aus der Form nehmen und zusammen mit den Deckeln beiseite stellen.

Ragout

In einem 2-Liter-Stieltopf die Butter zerlassen, bei mittlerer Hitze die Zwiebeln darin anbräunen, die Steinpilze in der Zwiebelschwitze 2 Minuten dünsten, Hahnenhoden, Hahnenkämme und Kalbsbries dazugeben, mit Petersilie bestreuen, salzen, pfeffern und die Demiglace dazugießen. Bei schwacher Hitze 5 Minuten kochen, dann warm stellen.

Wirsingkohlbälle

1 l Wasser mit Salz und Natron zum Kochen ansetzen und die Wirsingkohlblätter darin 2 Minuten überbrühen. Abkühlen lassen und trocken tupfen.

Die Wirsingkohlblätter einzeln auf ein Leintuch legen, mit Naturreis-Konfetti füllen, zu einem Ball zusammenrollen und fest in das Leintuch eindrehen. So behält der Wirsingkohlball seine Form, auch wenn er aus dem Tuch ausgewickelt wird und in die Pfanne kommt. Die Wirsingkohlbälle in der Pfanne mit zerlassener Butter beträufeln, mit Folie abdecken und in die Röhre geben.

Die Möhren in Butter schwenken und mit den Wirsingkohlbällen warm halten.

Servieren

Die Wirsingkohlbälle und die Möhren auf erwärmten Tellern anrichten, daneben den Blätterteigtiegel stellen, mit dem heißen Ragout füllen und den Tiegeldeckel aufsetzen.

Die gebratenen Lendenscheiben vor der Beilage anordnen.

Das restliche Ragout und Naturreis-Konfetti gesondert reichen.

Dieses Gericht habe ich im Sommer 1996 zu einem Hochzeitsschmaus kreiert. Erzherzogin Walburga von Habsburg und Graf Archibald Douglas feierten im „Königin-Elisabeth-Saal" des Gundel ihre Vermählung. Seither steht die Kreation als „Lendenschnitte nach Habsburger Hochzeitsschmaus" auf der Speisekarte des Restaurant Gundel.

Magnatengulasch

Für 4 Personen

Zutaten

6 Eßl. Sonnenblumenöl
1 Tasse Zwiebeln, feingehackt
2 Knoblauchzehen, zerstoßen
2 Eßl. Gewürzpaprika
$^1/_2$ Teel. Kümmel, gemahlen
600 g Kalbsknochen,
in 10 cm große Stücke zerkleinert
(die Knochen dürfen keine Splitter haben)
Salz
1 mittelgroße Tomate, geschält, entkernt und
in 5 mm große Würfel geschnitten
1 mittelgroße Paprikaschote,
in 5 mm große Würfel geschnitten
1 Stück scharfer Kirschpaprika
720 g Rinderfilet,
in 2 cm große Würfel geschnitten
gezupfte Nudeln aus 1 Ei (s. S. 186)

Zubereitung

In einem Schmortopf von etwa 2 Liter Fassungsvermögen 3 Eßl. Öl erhitzen und unter ständigem Rühren die Zwiebeln und den Knoblauch darin goldgelb anbräunen (etwa 10 Minuten). Vom Feuer ziehen, mit Gewürzpaprika bestreuen, den Kümmel hineinrühren und mit 3 Tasse Wasser auffüllen. Die Kalbsknochen dazugeben, salzen und bei mäßiger Hitze 1 Stunde kochen lassen. Eventuell während des Kochens

Wasser nachgießen, zum Schluß sollen ungefähr 2 Tasse Saft bleiben.

Die Knochen herausnehmen. Tomaten, Paprikaschoten und den scharfen Kirschpaprika in den Paprikasaft geben und noch 15 Minuten köcheln lassen. Ist die Soße zu dünn, die Kochhitze auf mittlere Stärke erhöhen, damit die Soße eine entsprechend sämige Konsistenz erhält. Schließlich in ein kleineres Gefäß füllen und warm halten.

Unmittelbar vor dem Servieren in einer Pfanne von 30 cm Durchmesser bei starker Hitze das restliche Öl erhitzen, das Fleisch hineingeben, salzen und unter ständigem Rühren rösten, bis die Fleischwürfel braun werden, aber innen noch rosa sind (etwa 4-5 Minuten).

Wenn keine entsprechend große Pfanne vorhanden ist, kann das Fleisch auch in Portionen gebraten werden. In einer zu kleinen und nicht genügend heißen Pfanne ertrinkt das Fleisch im eigenen Saft und wird zäh.

Servieren

Mit einer Schaumkelle das Fleisch auf erwärmte Teller geben, mit der erhitzten Soße übergießen, obenauf die heißen gezupften Nudeln streuen und sofort anrichten.

Für Gulasch gibt es in der ungarischen Küche bekannterweise die meisten Varianten, und für seine internationale Beliebtheit spricht, daß sich zum Beispiel im Wiener Sacher-Kochbuch siebenundzwanzig verschiedene Rezepte – von Gulasch à la Pálffy bis Kaisergulasch – finden.

Das Magnatengulasch ist ungarischen Ursprungs, obgleich nicht bekannt ist, wer es kreierte. Ich habe versucht, das Gericht noch schmackhafter zu machen, indem ich das Filet nicht koche, sondern nur à la minute anbräune, wodurch das Fleisch mürbe und saftig wird und innen schön rosa bleibt.

Gundel-Tokány

Für 4 Personen

Zutaten

40 g Butter
2 Eßl. Zwiebeln, feingehackt
250 g Champignons, kleingeschnitten
1 gehäufter Eßl. Petersilie, feingewiegt
$1\frac{1}{2}$ Tassen Braune Soße
(s. S. 181)
1 Tasse Rotwein (Gundel Erlauer Merlot)
Salz
schwarzer Pfeffer,
frisch gemahlen
150 g Spargelköpfe, 3-4 cm lange Stücke
100 g grüne Bohnen,
in 3-4 cm lange Stücke geschnitten

1 Prise Natron
200 g Gänseleber
(4 Scheiben)
5 Eßl. Sonnenblumenöl
720 g Rinderfilet
gehäutet und in 8 mm breite
und 4-5 cm lange
Streifen geschnitten
4 Portionen Kartoffelkroketten
(s. S. 189)

Zubereitung

In einer Pfanne von 20 cm Durchmesser die Zwiebeln in erhitzter Butter anbräunen und 3 Minuten dünsten. Die Champignons in der Zwiebelschwitze anrösten (etwa 3 Minuten), salzen und pfeffern.

Den Rotwein solange kochen, bis er eine sirupartige Konsistenz erhält (auf 2 Eßl. reduzieren), etwa 10-15 Minuten. Zusammen mit der Braunen Soße zu den Champignons gießen und 5 Minuten dünsten.

Den Spargel und die grünen Bohnen getrennt in Salzwasser dünsten und beiseite stellen. Dem Kochwasser der grünen Bohnen 1 Prise Natron zusetzen, so behalten die Bohnen ihre schöne grüne Farbe.

Die Gänseleberscheiben salzen. In einer Pfanne von 10-15 cm Durchmesser 1 Eßl. Öl erhitzen und die Gänseleber darin bei mäßiger Hitze von beiden Seiten je 2 Minuten braten, herausnehmen und warm halten.

Das restliche Öl in einer Pfanne von 30 cm Durchmesser erhitzen und die Fleischstreifen darin bei starker Hitze kurz anbraten, salzen, pfeffern und unter die heiße Champignonsoße rühren.

Servieren

Das Fleisch in reichlich Soße heiß anrichten. Jeden Teller obenauf mit gedünsteten Spargelköpfen und grünen Bohnen garnieren.

Als Beilage die fritierten Kartoffelkroketten reichen und mit je 1 Scheibe gebratener Gänseleber krönen.

Anmerkung: Wenn zum Anbraten der Filetstreifen keine große Pfanne oder keine entsprechend starke Flamme vorhanden ist, das Fleisch lieber in zwei Portionen anbraten.

Der Name „Gundel-Tokány" setzt Károly Gundel ein Denkmal, der dieses bis heute beliebte Gericht in den dreißiger Jahren anläßlich eines Dinnerwettbewerbs zwischen den Gaststätten kreierte. Sein Sohn Imre Gundel schrieb dazu: „... ich bitte den geneigten Leser, sich mit einer Aufzählung der Bestandteile und Komponenten dieser Geschmackskavalkade zu begnügen: abgehangenes Rinderfilet und Gänseleber, Spargelköpfe, Champignons, grüne Bohnen, Rotwein und Kartoffelkroketten. Sonst nichts weiter ..." Ich glaube, mehr braucht es auch nicht!

Lammkotelett
à point auf Krautpalatschinken mit knusprigem Gemüsestroh

Für 4 Personen

Zutaten

Für die Palatschinken

450 g Weißkraut, Salz, 1 Eßl. Zucker
4 Eßl. Sonnenblumenöl
weißer Pfeffer, frisch gemahlen
1/2 Tasse Mehl, 1 Ei
3/4 Tasse Milch, Sodawasser

Für das Gemüse

2 Eßl. Sonnenblumenöl
1 Tasse Möhrenraspel

1 Tasse Zucchiniraspel
1 Tasse Sellerieraspel
1 Tasse Porreeraspel
1½ Teel. Sojasoße, Salz
weißer Pfeffer, frisch gemahlen

Für das Fleisch

720 g Lammkotelett im Stück, Salz
1 Eßl. Thymian, feingewiegt
1 Eßl. Rosmarin, feingewiegt
schwarzer Pfeffer, frisch gemahlen
2 Eßl. Sonnenblumenöl

4 Portionen Knoblauchkompott (s. S. 185)

Zubereitung

Palatschinken

Das Kraut hobeln, mit 1 Eßl. Salz bestreuen und 30 Minuten stehen lassen.

In einer tiefen Pfanne den Zucker karamelisieren, 2 Eßl. Öl und das mit der Hand ausgedrückte Kraut dazugeben, unter Rühren etwa 15 Minuten dünsten, leicht anbräunen, mit Pfeffer abschmecken und abkühlen lassen.

In einer etwa 1½ Liter fassenden Schüssel Mehl, Ei, Milch und 1 Prise Salz mit dem Schaumschläger zu Palatschinkenteig verarbeiten. Wenn der Teig zu dick wird, ein wenig Sodawasser zufügen, ist er zu dünnflüssig, noch Mehl einarbeiten. Zum Schluß das angebräunte Kraut einrühren.

Eine mittelgroße Palatschinkenpfanne erwärmen, dünn mit Öl ausstreichen, für jeden Palatschinken ein wenig Teig einfüllen, so daß der Pfannenboden eben bedeckt ist, die Palatschinken von beiden Seiten hellbraun backen und warm stellen.

Gemüsestroh

In einer Pfanne von 25-30 cm Durchmesser das Öl erhitzen und das geraspelte Gemüse darin rösten. Bei starker Hitze recht schnell arbeiten. Zuerst Sellerie und Möhren unter Wenden und Rühren 1½ Minuten anbräunen, dann Porree und Zucchini zufügen und noch weitere 2½ Minuten rösten. Zum Schluß mit der Sojasoße beträufeln und mit Salz und Pfeffer abschmecken.

Lammkotelett

Das Fleisch salzen und mit Thymian, Rosmarin und Pfeffer würzen. In einer Bratpfanne von etwa 25 cm Durchmesser das Öl erhitzen und das Lammkotelett darin von beiden Seiten gut anbraten. Dann die Pfanne in die Röhre stellen und das Fleisch bei 180 °C noch 12-15 Minuten à point braten. Es soll noch nicht ganz durch und innen noch rosa sein.

Servieren

Auf 4 erwärmte Teller je 1 Palatschinken legen, auf einer Palatschinkenhälfte das Gemüsestroh anhäufen, den Palatschinken von der Mitte bis zum Rand einschneiden und zu einem Viertel über das Gemüse schlagen. Das gebratene Lammkotelett aufschneiden und neben dem Gemüsepalatschinken anordnen. Heiß anrichten.

Knoblauch-Liebhabern empfehle ich zum Lammkotelett die spezielle Geschmackskomponente meines Knoblauchkompotts.

Dieses Gericht, kreierte ich vor vielen Jahren für Dr. Gábor Buday, der damals Direktor des Hotels „Forum" war – und jetzt geschäftsführender Direktor des Gundel ist.

Gegrillter Schweinezopf mit Pilzpörkölt und Topfennockerln

Für 4 Personen

Zutaten

Für den Schweinezopf

720 g Schweinelende
(4 kleinere Lenden ohne Kopfteil
oder 2 größere Lenden längs halbiert)
1 Eßl. Thymian, feingewiegt
Salz
schwarzer Pfeffer, frisch gemahlen
3 Eßl. Sonnenblumenöl

Für das Pilzpörkölt

3 Eßl. Sonnenblumenöl
50 g Zwiebeln, feingehackt

2 Teel. Gewürzpaprika
50 g Tomaten, geschält, entkernt und kleingeschnitten
400 g gemischte Pilze (Steinpilze, Champignons, Pfefferlinge, Seitlinge), geputzt und kleingeschnitten
Salz

Für die Topfennockerln

250 g Topfen
2 Eier
60 g Weizengrieß
20 g Butter
Salz

Zubereitung

Schweinezopf

Die Schweinelenden 1 Stunde vor dem Braten jeweils in 3 Streifen schneiden, aber an einem Ende zusammenlassen. Würzen und die Streifen zu Zöpfen flechten. Das Zopfende mit Holzstäbchen zusammenhalten.

In einer Pfanne in erhitztem Öl von beiden Seiten anbraten und in der Röhre bei etwa 160 °C fertig braten (10-12 Minuten). Das Fleisch darf dabei nicht austrocknen, es soll innen noch rosa sein!

Pilzpörkölt

In einem 2-Liter-Schmortopf das Öl erhitzen und die Zwiebeln darin goldbraun anrösten. Vom Feuer nehmen, mit Gewürzpaprika bestreuen, die Tomaten zufügen und mit ½ Tasse Wasser ablöschen. Bei schwacher Hitze die Zwiebeln gar dünsten. Wenn der Saft fast verdunstet ist, die Pilze hineingeben, salzen und zugedeckt ein paar Minuten dünsten.

Topfennockerln

Die angegebenen Zutaten in einer Schüssel miteinander vermengen und ½ Stunde im Kühlschrank rasten lassen. Dann mit dem Löffel vom Teig Nockerln abstechen, in siedend heißes Salzwasser geben und zugedeckt bei schwacher Hitze ziehen lassen, bis die Nockerln an die Wasseroberfläche kommen. Mit dem Schaumlöffel herausheben und abtropfen lassen.

Servieren

Zuerst das Pilzpörkölt auf heiße Teller füllen, dahinein den gebratenen Schweinezopf legen und ringsherum die Topfennockerln anordnen.

Mit dieser Kreation wollte ich den Beweis antreten, daß ein ungarisches Gericht von ästhetischer Erscheinung, schmackhaft und repräsentativ zugleich sein kann. Die geschätzten Gäste des Gundel bestellen es recht gern bei Geschäftsessen oder festlichen Abendessen als Hauptgang.

Gefüllte Schweinelende mit Haselnüssen und Dörrpflaumen

Für 4 Personen

Zutaten

Für das Fleisch

720 g Schweinelende,
gehäutet, ohne Kopf- und Schwanzteil, Salz

100 g Haselnüsse, grob gehackt

$^1/_8$ Tasse Sonnenblumenöl

Für die Füllung

120 g entsteinte Dörrpflaumen
(nicht zu hart getrocknet)

$^1/_2$ Teel. Koriander

1 Lorbeerblatt

1 mittelgroßer Apfel
1 Ei
2 Eßl. Semmelbrösel

Für die Birnen

4 Birnen (noch nicht ganz reif)
1/2 l Rotwein
3 Eßl. Zucker

Für die Soße

20 g Butter
1/2 Tasse Kalbsfond (s. S. 179)
1/8 Tasse Orangensaft
1/2 Tasse süße Sahne
Salz

Zubereitung

Die Birnen so schälen, daß von der Schale ein kleiner gezackter Kragen mit dem Stil an der Frucht bleibt. An der Unterseite von den Birnen eine schräge Scheibe abschneiden, damit sie sich hinstellen lassen. Das Kernhaus herausschneiden.

Den Rotwein mit Zucker aufkochen und die Birnen darin 1-2 Minuten dünsten. Vom Feuer nehmen und im Wein abkühlen lassen, damit die Birnen eine schöne rote Farbe bekommen.

Die Dörrpflaumen unter lauwarmem Wasser abspülen, in einen 1-Liter-Stieltopf geben, mit 1 Tasse Rotwein-Birnensaft begießen, Lorbeerblatt und Koriander zufügen und bei mittlerer Hitze dünsten, bis der Saft völlig verkocht ist. Vom Feuer nehmen, das Lorbeerblatt entfernen und die Dörrpflaumen abkühlen lassen.

Den Apfel schälen, aufschneiden, vom Kernhaus befreien und mit den gedünsteten Pflaumen, dem Ei und den Semmelbröseln vermengen.

Das Fleisch längs einstechen, salzen, mit den Fingern die Dörrpflaumenfüllung hineindrücken, die Öffnung zusammenstecken, die Lende von außen salzen und in Haselnüssen wenden.

In der Pfanne in erhitztem Öl von beiden Seiten anbraten und in der Röhre bei 130 °C à point braten (etwa 15 Minuten).

Soße

Die restlichen Haselnüsse in einem 1-Liter-Stieltopf in Butter anrösten, den Kalbsfond und den Orangensaft darübergießen und 2-3 Minuten kochen lassen.

Dann die süße Sahne zufügen, schwach salzen und noch 3 Minuten kochen. Vom Feuer nehmen und warm halten.

Servieren

Die Birnen aus dem Rotwein nehmen, abtropfen lassen, fächerartig einschneiden und so auf heiße Teller setzen. Von der Soße ein wenig in die Mitte des Tellers geben.

Das Fleisch in 4 gleichgroße Stücke schneiden und die Stücke schräg halbieren. Auf jeden Teller 2 schräg aufgeschnittenen gefüllte Lendchen stellen.

Die restliche Soße gesondert reichen.

Mit der Zubereitung dieser Kreation habe ich im Landeswettbewerb 1988 den „Toque d'or" gewonnen.

Gefülltes Kraut à la Gundel

Für 4 Personen

Zutaten

Für die Krautrouladen

60 g Reis, 1 Eßl. Sonnenblumenöl
1 Prise Salz
50 g Räucherspeck, kleingewürfelt
50 g Zwiebeln, kleingehackt
200 g Schweinsgehacktes (Schulter)
120 g Rindsgehacktes (Schulter)
1 Ei, 2 Teel. Gewürzpaprika, Salz
$^{1}/_{2}$ Teel. schwarzer Pfeffer, frisch gemahlen
1 Knoblauchzehe
1 Prise Majoran, getrocknet
4 Sauerkrautblätter

Für das Kraut

800 g Sauerkraut
600 g geräucherte Schweinerippchen (4 Stück)
Salz, schwarzer Pfeffer, frisch gemahlen
1 Stück scharfer Kirschpaprika
2 Eßl. Sonnenblumenöl
20 g Mehl, 50 g Zwiebeln, kleingewürfelt
2 Teel. Gewürzpaprika
2 Eßl. Dill, feingehackt
1$^{1}/_{4}$ Teel. saure Sahne
4 Paar Miniwürstchen, geräuchert

Zubereitung

Füllung

In einem Schmortopf von etwa 10 cm Durchmesser den Reis in Öl erhitzen, so viel Wasser zugießen, wie das Reisvolumen ausmachte, salzen, zugedeckt halbgar dünsten und abkühlen lassen.

In einer Pfanne die Speckwürfel auslassen und die Zwiebeln darin goldbraun rösten.

Das Schweins- und Rindsgehackte in einer Schüssel miteinander vermischen, den abgekühlten Reis, die Speckzwiebeln, das Ei, den Gewürzpaprika und die übrigen Gewürze zufügen und alles gut durcharbeiten.

Von den Sauerkrautblättern die dicken Teile abflachen. Wenn keine Sauerkrautblätter vorhanden sind, können auch frische Krautblätter verwendet werden, die man zuvor in leicht mit Essig gesäuertem Wasser überbrüht, bis sie geschmeidig werden. Die Fleischfüllung auf den Krautblättern verteilen, die Blätter zu Rouladen zusammenrollen und die seitlichen Blattenden nach innen stecken.

Gefülltes Kraut

Auf den Boden eines Topfes von 25 cm Durchmesser die Hälfte des ausgewaschenen Sauerkrauts geben, die Krautrouladen und die Schweinerippchen darauf verteilen und mit dem restlichen Sauerkraut bedecken. Mit Wasser auffüllen, so daß das Kraut bedeckt ist, und bei schwacher Hitze zugedeckt 1½ Stunden dünsten. Mit Salz, Pfeffer und Gewürzpaprika abschmecken. Während des Dünstens eventuell Wasser nachfüllen.

In einem ½-Liter-Stieltopf in erhitztem Öl das Mehl und die Zwiebeln anbräunen, vom Feuer nehmen, mit Gewürzpaprika bestreuen, den Dill zufügen und schließlich mit 1 Tasse saurer Sahne verrühren. Die Schweinerippchen aus dem Kraut nehmen und warm stellen. Das Kraut mit dem in der sauren Sahne angerührten Mehl binden und noch 10 Minuten kochen.

Servieren

Eine feuerfeste Form von etwa 20 cm Durchmesser und wenigstens 5 cm Höhe erhitzen, das Kraut hineingeben, die Krautrouladen und die aufgeschnittenen Rippchen darauf anordnen, mit der restlichen sauren Sahne beträufeln und obenauf die gegrillten Räucherwürstchen legen.

Auf einer alten, im Museum aufbewahrten Gundel-Speisekarte habe ich entdeckt, daß Károly Gundel das traditionelle ungarische „Gefüllte Kraut“ mit geräucherten Schweinerippchen bereicherte. So ist die Gundel-Variante vom Gefüllten Kraut entstanden.

Wildbret

Fasanenbrust à la Graf Széchenyi

Für 4 Personen

Zutaten

Für die Fasanenbrust

2 Fasanenbrüste
(4 halbe Brüste, insg. etwa 1 kg),
ohne Haut und Knochen

1/2 Teel. Salz

1/4 Teel. weißer Pfeffer,
frisch gemahlen

1/4 Teel. Majoran, getrocknet
(oder 2 Teel. frischer Majoran)

200 g Gänseleber

1 Teel. Kognak

50 g Totentrompeten

4 Scheiben Bacon

Für den Wirsingkohl

100 g Bacon, in Streifen geschnitten
800 g grüne Wirsingkohlblätter, in fingerdicke Streifen geschnitten und blanchiert
Salz
1/4 Teel. weißer Pfeffer, frisch gemahlen
1/4 Teel. Majoran, getrocknet (oder 2 Teel. frischer Majoran)
1 Eßl. süße Sahne
1 Eßl. Fasanenfond (Die Knochen rösten, mit Wasser auffüllen, 2 Stunden bei schwacher Hitze köcheln und zu einem Fasanenfond einkochen. Durch ein Leintuch seihen und salzen.)

Für die Äpfel

4 kleine Äpfel (600 g), entkernt und geviertelt
40 g Butter

Zubereitung

Fasanenbrust

Die Brustflügel halb einschneiden und auseinanderbreiten. Mit Salz, Pfeffer und Majoran würzen. Die Gänseleber in 8 Scheiben à 25 g aufschneiden, salzen und mit Kognak würzen. Zwischen je 2 Gänseleberscheiben etwas von den blanchierten Totentrompeten geben, die Gänselebersandwiches auf die Fasanenbrust legen, die auseinandergebreiteten Teile zusammenklappen und wieder zu einer schönen Brusthälfte formen.

Die gefüllten Fasanenbrusthälften in je eine Speckscheibe wickeln, damit sie sich beim Braten nicht öffnen. In einer Pfanne von beiden Seiten anbraten und in der Röhre bei mittlerer Hitze (180 °C) etwa 12 Minuten braten. Achtgeben, daß das Fleisch nicht zu lange brät!

Wirsingkohl

In einer Pfanne von etwa 30 cm Durchmesser die Speckstreifen auslassen und das Fett abgießen. Den Wirsingkohl zusammen mit den Gewürzen, der süßen Sahne und dem Fasanenfond in den Speckgrieben dünsten.

Äpfel

Die Äpfel in zerlassener Butter kurz anbraten.

Servieren

Den Wirsingkohl auf heiße Teller geben, davor die Fasanenbrust anordnen und ringsherum mit Apfelstücken garnieren. Gesondert noch Fasanenfond reichen.

Graf István Széchenyi war in seiner Jugend ein leidenschaftlicher Jäger, außerdem führte er auch eine ausgezeichnete Küche und beschäftigte berühmte Küchenmeister. Verschiedene Gerichte bewahren das Andenken an Széchenyi – darunter die Fasanenbrust mit Pilz-Gänseleber-Füllung, die vom Chefkoch des Grafen zu einem Abendessen in Nagycenk kreiert worden ist.

Gegrilltes Rehmedaillon

und in Rotwein geschmorte Rehkeule mit Kürbispüree und maronengefüllten Kartoffelkörbchen

Für 4 Personen

Zutaten

Für die Rehkeule

400 g Rehkeule ohne Knochen, Salz
4 Wacholderbeeren, grob zerstoßen
4 schwarze Pfefferkörner, grob zerstoßen
3 Eßl. Sonnenblumenöl
150 g Wurzelwerk (Möhren, Petersilienwurzeln, Sellerie), in Scheiben geschnitten
50 g Zwiebeln, in Ringe geschnitten
1 Teel. Tomatenmark
½ Tasse trockener Rotwein (Gundel Erlauer Merlot)

3 Tassen Kalbsfond (s. S. 179)
2 Teel. Kartoffelstärke

Für das Kürbispüree

200 g Bratkürbis, küchenfertig
200 g Kartoffeln, geschält und in Stücke geschnitten
Salz
20 g Butter

Für die Maronen

1 Eßl. Zucker
40 g Butter
24 Maronen, geputzt und geröstet

Für die Kartoffelnester

200 g Kartoffeln, geschält und in ganz dünne Streifen geschnitten (Stroh)
1 l Öl zum Fritieren

Für die Rehmedaillons

400 g Rehrücken, entbeint und gehäutet (4 Medaillons)
Salz
schwarzer Pfeffer, frisch gemahlen
4 Wachholderbeeren, grob zerstoßen
1 Eßl. Sonnenblumenöl

Zubereitung

Geschmorte Rehkeule

Die Rehkeule salzen und mit den Gewürzen einreiben. In einem Schmortopf von etwa 2 Liter Fassungsvermögen das

Öl erhitzen und die Rehkeule darin von allen Seiten in 8-10 Minuten schön braun anbraten. Herausnehmen und das Wurzelwerk in dem Bratfett anrösten. Nach 3 Minuten auch die Zwiebelringe dazurühren. Sind Wurzelwerk und Zwiebeln braun angeröstet, das Tomatenmark einrühren und den Rotwein zugießen.

Die Rehkeule in den Schmortopf zurückgeben, den Kalbsfond dazugießen, salzen und zugedeckt bei mäßiger Hitze gar schmoren. Abhängig von der Beschaffenheit des Fleisches beträgt die Schmorzeit 1-2 Stunden. Den verschmorten Saft von Zeit zu Zeit ergänzen. Ist das Fleisch gar, aus der Soße nehmen und auf einen Teller legen. Im Topf sollen 2-3 Tassen Soße zurückbleiben.

Die in 1 Eßl. Wasser angerührte Kartoffelstärke unter ständigem Rühren in die Soße geben und noch 4-5 Minuten kochen. Dann die Soße durch ein feines Sieb in einen Schmortopf von ähnlicher Größe seihen, die Rehkeule in 4 Scheiben aufschneiden und in der Soße warm halten.

Kürbispüree

Den Bratkürbis 20 Minuten in der Röhre bei 180 °C braten. Die Kartoffeln in Salzwasser garen, abgießen und noch heiß zusammen mit dem gebratenen Kürbis stampfen. In eine kleine Schüssel geben, die Butter zufügen, mit dem Schaumschläger glatt verrühren und mit Salz abschmecken. Bis zum Servieren warm halten.

Maronen

In einem 2-Liter-Stieltopf den Zucker hellbraun karamelisieren, 3 Eßl. Wasser zufügen und solange kochen, bis sich der Zucker auflöst. Die Butter zufügen und die Maronen in dem Butterkaramel erhitzen.

Kartoffelnester

Die Kartoffeln in strohdünne Streifen schneiden, unter kaltem Wasser abspülen und auf einem Küchentuch trocknen. Für jedes Kartoffelnest den unteren Korb des Nestkörbchen-Backgeräts (s. S. 106) 2-3 mm dick mit den dünnen Kartoffelstreifen auslegen, den oberen Korb daraufsetzen, das Kartoffelnest in erhitztem Öl bei mäßiger Hitze ausbacken und vorsichtig aus dem Korb nehmen. Insgesamt 4 Kartoffelnester backen.

Gegrillte Rehmedaillons

Die Rehmedaillons formen und mit einem dünnen Faden umwickeln, damit sie eine schöne runde Form behalten. Salzen, pfeffern und mit Wacholder bestreuen.

Den heißen Grilleinsatz ein wenig mit Öl bepinseln und das Fleisch darauf à point (halbenglisch) oder nach Belieben grillen. Wenn kein Grill vorhanden ist, die Rehmedaillons in erhitztem Öl in der Pfanne 1-2 Minuten von beiden Seiten braten.

Servieren

Das Kürbispüree in einen Spritzbeutel füllen. Auf heiße Teller je 2 Kürbispüree-Röschen spritzen. Die Kartoffelnester mit den Maronen füllen und zwischen die Kürbispüree-Röschen setzen.

Aus der warmen Soße je 1 Scheibe geschmorte Rehkeule vor dem Kartoffelnest placieren und mit Soße begießen.

Auf die Rehkeulenscheiben die frisch gebratenen Rehmedaillons geben, von denen zuvor der Faden entfernt wurde.

Als das Restaurant Gundel in 1992 wiedereröffnet wurde, habe ich dieses Gericht zur ersten Wildbretsaison kreiert. Sein „Geheimnis“ liegt darin, daß die geschmorte Rehkeule der Soße einen feinen Geschmack gibt, während der Rehrücken auf dem Rost gebraten besonders fein ist.

Hirschbraten mit Kalbslende in Weinsoße mit Gemüse und gratinierten Kartoffeln

Für 4 Personen

Zutaten

Für das Fleisch

120 g Kalbslende
Salz, weißer Pfeffer, frisch gemahlen
Sonnenblumenöl zum Braten
600 g Hirschrücken, gehäutet
Wacholderbeeren, zerstoßen
30 g Mehl, 1 Ei, 40 g Sesamkörner

Für die gratinierten Kartoffeln

600 g Kartoffeln, geschält

20 g Butter, 1 Eßl. Thymian, feingewiegt, Salz
1 Tasse süße Sahne

Für das Gemüse
150 g Möhren, kleingeschnitten
150 g Blumenkohl, in Röschen zerlegt, Salz, 40 g Butter
150 g Zucchini, in Fächerform geschnitten
100 g Seitlinge, im ganzen

Für die Soße
1 Tasse Demiglace aus Hirschknochen (s. S. 182)
1/2 Tasse Rotwein (Gundel Erlauer Merlot), Salz

Zubereitung

Hirschbraten mit Kalbslende

Die Kalbslende salzen, pfeffern und auf dem heißen Grill oder in der heißen Pfanne in wenig Öl anbraten, dann in der Röhre bei 160 °C 12 Minuten braten. Abkühlen lassen und auf einer Platte in den Kühlschrank stellen, denn in leicht gefrorenem Zustand läßt sich der Hirschrücken besser damit füllen.

Den Hirschrücken mit einem spitzen Messer in der Mitte längs etwa 3 cm breit einstechen, salzen, pfeffern und mit Wacholder bestreuen. Die fest gewordene Kalbslende ein wenig mit Öl bestreichen und in die eingestochene Öffnung des Hirschrückens drücken. Auch den gefüllten Hirschrücken auf dem Grill oder in der Pfanne von beiden Seiten kurz anbraten. Auf Küchenpapier geben, damit das Fett abtropft, in Mehl wenden und mit verquirltem Ei bepinseln. Die Sesamkörner in der Pfanne etwas anrösten, das Fleisch darin wenden und die Körner mit der Hand fest andrücken. In der Röhre bei 150 °C je nach der Dicke des Rückenstücks 30-40 Minuten braten. Das Fleisch soll à point (innen noch rosa) gebraten sein.

Gratinierte Kartoffeln

Die Kartoffeln noch vor dem Fleisch zubereiten. Die geschälten Kartoffeln in 1 mm dünne Scheiben hobeln. Eine kleine, tiefe Pfanne mit Butter fetten, mit der Hälfte der Kartoffelscheiben auslegen, salzen, mit der Hälfte des Thymians bestreuen, die restlichen Kartoffelscheiben darübergeben, wieder salzen und mit Thymian würzen und die süße Sahne darübergießen. In der Röhre bei 150 °C 1 Stunde backen.

Gemüse

Die Möhren und den Blumenkohl in Salzwasser dünsten und in Butter schwenken. Die Zucchini und die Seitlinge salzen und auf dem Grill oder in der Pfanne in wenig Butter braten.

Soße

Die Soße schon am Vortag zubereiten. Aus Hirschknochen eine Demiglace kochen (s. S. 182). Den Wein einkochen (auf ¼ reduzieren), die Demiglace dazugießen, salzen und warm halten.

Servieren

Die gratinierten Kartoffeln in Quadrate aufschneiden und zusammen mit dem Gemüse auf heiße Teller geben.

Auf jeden Teller etwas Soße füllen und darauf je 2 Scheiben gefüllten Rehrücken geben. Die Fleischscheiben so anordnen, daß die unteren Teile aneinander stoßen und eine Schmetterlingsform bilden.

Dieses dekorative Gericht habe ich 1995 zum Supper des Opernballs, das von Gundel ausgerichtet wurde, kreiert. Der wie ein Schmetterling ausgebreitete rosafarbene Hirschbraten mit der Kalbslende sieht sehr gut aus, und die zweierlei Fleischsorten im Sesamgewand ergeben zusammen mit dem Wein und dem Gemüse eine sehr feine Geschmackskombination.

Desserts

Gundel-Palatschinken nach klassischem Rezept

Für 4 Personen, 8 Palatschinken

Zutaten

Für die Palatschinken

2 Eier, 1 Tasse Milch
½ Teel. Vanillezucker
1 abgeriebene Zitronenschale
1 Prise Salz
1 Tasse Mehl
⅓ Tasse Sodawasser
½ Tasse Sonnenblumenöl zum Ausbacken

Für die Nußfüllung

½ Tasse süße Sahne

100 g Zucker, 4 Eßl. Rum
125 g Walnüsse, gerieben
125 g Walnüsse, grob gehackt
50 g Rosinen
1 gehäufter Eßl. abgeriebene Orangenschale
$^{1}/_{4}$ Teel. Zimt, gemahlen

Für die Schokoladensoße
100 g halbsüße Schokolade
4 Teel. Cremepulver
1 Eßl. + 1 Tasse Milch
4 Eßl. Zucker
1 Teel. Vanillezucker
2 Teel. Kakaopulver
3 Eßl. Rum
40 g Butter zum Bräunen
Puderzucker zum Bestreuen

Zubereitung

Palatschinken

In einer 2-Liter-Schüssel Eier, Milch, Vanillezucker, abgeriebene Zitronenschale und 1 Prise Salz mit dem Schaumschläger verrühren, das gesiebte Mehl glatt einrühren und mit Sodawasser dem Teig die (etwa einer Cremesuppe entsprechende) dickflüssige Konsistenz geben. $^{1}/_{2}$ Stunde rasten lassen.

Eine mit Öl gefettete Palatschinkenpfanne von etwa 20 cm Durchmesser erhitzen, $^{1}/_{3}$ Tasse Teig einfüllen und so in der Pfanne zerlaufen lassen, daß der Pfannenboden gleichmäßig mit Teig bedeckt ist. Ungefähr 20 Sekunden backen, wenden und auch die andere Seite 20 Sekunden backen. Insgesamt 8 Palatschinken ausbacken.

Nußfüllung

Die süße Sahne mit Zucker aufkochen und unter Rühren mit dem Kochlöffel die übrigen Zutaten zufügen. Bei schwacher Hitze 2-3 Minuten kochen lassen. Wenn die Füllung sehr dick wird, noch etwas süße Sahne dazugeben. Die Palatschinken mit der Nußfüllung bestreichen und zusammenrollen.

Schokoladensoße

In einem 1/2-Liter-Topf die Schokolade im Wasserbad oder bei schwacher Hitze schmelzen. In einer kleinen Schüssel das Cremepulver in 1 Eßl. Milch anrühren.

In einem anderen 1/2-Liter-Topf die restliche Milch mit Zucker und Vanillezucker aufkochen und mit dem Schaumschläger das Kakaopulver einrühren. Unter Rühren aufkochen und das angerührte Cremepulver dazugießen. 1-2 Minuten bei sehr schwacher Hitze kochen. Achtgeben, daß die Soße nicht anbrennt!

Vom Feuer nehmen, die geschmolzene Schokolade dazugeben und den Rum zufügen. Sollte die Soße so dickflüssig sein, daß sie sich nicht gießen läßt, mit Milch strecken.

Servieren

20 g Butter in der Palatschinkenpfanne zerlassen, 4 eingerollte Palatschinken darin bei mittlerer Hitze von beiden Seiten hell anbräunen und warm stellen. Mit den restlichen Palatschinken ebenso verfahren.

Die angebräunten Palatschinken auf einer Platte oder einem Teller nebeneinander anordnen, die eine Hälfte mit der heißen Schokoladensoße übergießen, die andere Hälfte mit Puderzucker bestreuen.

So werden die klassischen Gundel-Palatschinken angerichtet.

Anmerkung: Sollen die Palatschinken flambiert werden, dann nach dem Füllen nicht zusammenrollen, sondern dreieckig einschlagen und ebenfalls in Butter anbräunen. Die heißen Palatschinken der Reihe nach auf eine erwärmte Platte geben, zur Hälfte mit Schokoladensoße übergießen, die andere Hälfte mit Puderzucker bestreuen.

Mit 6 Eßl. erwärmtem Rum begießen und bei Tisch anzünden.

Wie Imre Gundel, der Sohn von Károly Gundel, in seinem Buch angibt, wurden die klassischen Gundel-Palatschinken in der oben beschriebenen Form – ohne Flambieren – serviert. Károly Gundel stellte sie aber vor dem Anrichten noch einige Minuten in die Röhre, damit sie gut durchbräunen konnten.

Palatschinkenturm

Für 16 Personen

Zutaten

300 g Butter
100 g Haselnüsse, grob gehackt
100 g Walnüsse, grob gehackt
100 g Mandeln, grob gehackt
100 g Rosinen, 4 Eßl. Rum
200 g Zucker
1 Teel. Vanillezucker
abgeriebene Schale von 2 Zitronen
10 Eier
1+$^1/_4$ Tasse saure Sahne
250 g Mehl

$^{1}/_{3}$ Tasse Öl
100 g Aprikosenmarmelade
100 g Preiselbeermarmelade
100 g Erdbeermarmelade
100 g Pflaumenmarmelade
100 g Orangenmarmelade
Puderzucker zum Bestreuen

Zubereitung

In einer Pfanne von 25 cm Durchmesser 100 g Butter zerlassen, die Nüsse und Mandeln darin anrösten und beiseite stellen. Die gewaschenen Rosinen in Rum weichen und ebenfalls beiseite stellen.

In einer 4-Liter-Schüssel mit dem Schaumschläger die restliche weiche Butter (von Zimmertemperatur) mit $^{1}/_{3}$ des Zuckers, dem Vanillezucker und der abgeriebenen Zitronenschale glatt verrühren, einzeln die Eigelb zufügen, schaumig schlagen und die saure Sahne zufügen. Die in einem 3-Liter-Schaumkessel mit dem restlichen Zucker steifgeschlagenen Eiweiß unterziehen. Mit dem Schaumschläger das Mehl einarbeiten, gut durchrühren und den Eischnee ein wenig zerschlagen.

In einer vorgewärmten und mit Öl gefetteten Palatschinkenpfanne 5-6 Palatschinen in der Röhre bei 180 °C backen. Bei jedem Palatschinken in der Röhre $^{1}/_{4}$ Tasse Wasser verspritzen, damit sich Dampf bildet. Die Palatschinken sind in etwa 8-10 Minuten hellbraun gebacken. Die abgekühlten Palatschinken mit den verschiedenen Marmeladensorten bestreichen, mit den angerösteten Nüssen und Mandeln sowie den Rum-Rosinen bestreuen und zu einem Turm übereinander schichten.

Obenauf mit Puderzucker bestreuen und bei Tisch in Tortenstücke aufschneiden.

Sauerkirsch-Palatschinken-Auflauf

Für 10 Personen

Zutaten

18 Stück Palatschinken

Für die Füllung

60 g Vanillepudding- oder Cremepulver
1 Glas entsteinte Sauerkirschen (350 g mit Saft)

150 g Zucker

abgeriebene Schale und Saft von 1 Zitrone
40 g Butter, 1/2 Tasse süße Sahne
4 Eigelb, 50 g Zucker, 1/2 Teel. Vanillezucker

Für die Soße

3 Tassen Milch
60 g Vanillepudding- oder Cremepulver
150 g Zucker
abgeriebene Schale von 1 Zitrone

Zubereitung

In einer 2-Liter-Schüssel das Pudding- oder Cremepulver mit 1 Tasse Wasser glatt verrühren. Die Sauerkirschen zusammen mit dem Saft, 150 g Zucker, der abgeriebenen Zitronenschale und dem Zitronensaft in einem Stieltopf aufkochen. Die heißen Kirschen unter ständigem Rühren in das angerührte Puddingpulver geben und lauwarm abkühlen lassen. Eine größere Rehrückenform mit Butter fetten und mit 5 Palatschinken so auskleiden, daß die Palatschinken teils über den Rand der Form hängen und sich später einschlagen lassen.

Die übrigen Palatschinken mit der Sauerkirschcreme füllen, einrollen und nebeneinander in die Form schichten.

In einer ½-Liter-Schüssel die süße Sahne, die Eigelb, den Zucker und den Vanillezucker mit dem Schaumschläger glatt verrühren und in kleineren Portionen über die Palatschinken gießen. Dabei zwischendurch die Rehrückenform etwas schütteln, damit die Sahnecreme auch zwischen die Palatschinken fließt. Nun die überhängenden Palatschinken einschlagen und die ganze Form fest in Folie einwickeln. In eine tiefe, mit 2-3 Tassen Wasser gefüllte Pfanne setzen und in der Röhre bei 150 °C 1½ Stunden im Wasserbad dämpfen. Aus der Röhre nehmen und 1 Stunde rasten lassen.

Für die Soße das Vanillepudding- oder Cremepulver in 1 Tasse Milch glatt verrühren. Die restliche Milch in einem Stieltopf mit Zucker und abgeriebener Zitronenschale aufkochen, unter ständigem Rühren zu dem angerührten Pudding geben, noch 5 Minuten langsam rühren und lauwarm abkühlen lassen.

Servieren

Die Rehrückenform aus der Folie wickeln, ein wenig ausdampfen lassen und den Auflauf auf ein Brett stürzen. Mit einem in kaltes Wasser getauchtem Messer in Scheiben schneiden und mit Vanillesoße anrichten.

Erdbeer-Strudeltörtchen

Für 4 Personen

Zutaten

Für den Teig

1 Paket Strudelteig
3 Eßl. Sonnenblumenöl

Für die Erdbeercreme

250 g Erdbeeren
50 g Puderzucker
2 Eigelb
5 g Gelatine
20 g Vanillepuddingpulver
2 Eßl. Erdbeerlikör
200 g Schlagsahne

Für die Vanillesoße

$^3/_4$ Tasse Milch
2 Eigelb
15 g Mehl, 50 g Zucker
1 Teel. Vanillezucker

Für die Erdbeersoße

200 g Erdbeeren
50 g Puderzucker
$1^1/_2$ Eßl. Erdbeerlikör

Für die Garnierung

150 g Erdbeeren
4 Stengel frische Minze

Zubereitung

Teig

Eine doppelte Lage Strudelteig dünn mit Öl bestreichen und 24 Scheiben von 6 cm Durchmesser ausstechen. Auf einem Backblech nebeneinander legen und 6-7 Minuten in der trockenen Röhre bei 180 °C backen.

Erdbeercreme

In einem Metallkessel die Erdbeeren mit dem Puderzucker zerdrücken und im Wasserbad erwärmen, damit sich der Zucker im Erdbeersaft auflösen kann. Dann durch ein Sieb in eine andere Schüssel passieren.

Nun im Metallkessel die Eigelb mit der Gelatine und dem Vanillepuddingpulver im Wasserbad unter ständigem Rühren eindicken (etwa 5-6 Minuten). Unter Rühren die Creme abkühlen lassen und mit Erdbeerlikör abschmecken. Schließlich den Erdbeermus aus der anderen Schüssel dazugeben und die Schlagsahne unterziehen.

Vanillesoße

Die Zutaten in einem kleinen Kessel verrühren, im Wasserbad unter ständigem Rühren etwa 5-6 Minuten eindicken und abkühlen lassen.

Erdbeersoße

Den Puderzucker mit den Erdbeeren zerdrücken, durch ein Teesieb passieren, aufkochen und mit Erdbeerlikör abschmecken.

Servieren

Die gebackenen Strudelplätzchen mit der Erdbeercreme zu kleinen Törtchen füllen (zwischen 6 Strudelscheiben 5 Cremeschichten geben). Die Vanillensoße auf 4 Dessertteller verteilen, mit der Erdbeersoße beträufeln und mit Hilfe eines Holzstäbchens die rote Soße noch ein wenig dekorativ ausziehen. Dahinein die mit Puderzucker bestreuten Törtchen setzen und mit frischen Erdbeeren und Minze garnieren.

Dieses cremige Dessert, dem der traditionelle ungarische Strudel zugrunde liegt, habe ich zur Neueröffnung des Restaurant Gundel in 1992 kreiert. Seitdem ist es von der Speisekarte nicht mehr wegzudenken.

Topfenknödel à la Wampetich

Für 4 Personen

Zutaten

500 g Topfen (Quark)
3 Eigelb
abgeriebene Schale von 1 Zitrone
70 g Weizengrieß
½ Teel. Salz
⅓ Tasse Sonnenblumenöl
300 g Früchte
(Erdbeeren, Weintrauben
oder in Stücke geschnittene Pfirsiche)
150 g Walnüsse, gerieben
1 Tasse saure Sahne
100 g Puderzucker

Zubereitung

Den Topfen in eine 2-Liter-Schüssel passieren, mit dem Kochlöffel die Eigelb, die abgeriebene Zitronenschale und zum Schluß den Weizengrieß hineinrühren. 30 Minuten im Kühlschrank rasten lassen.

2 l Wasser zum Kochen ansetzen, salzen und das Öl hineingeben. Mit nassen Händen von der Topfenmasse Stücke à 50 g abstechen, in die Mitte jeweils eine Frucht drücken und das Teigstück zu einem glatten, runden Knödel formen. Die Topfenknödel in siedend heißem Wasser ziehen lassen, bis sie an die Wasseroberfläche kommen.

Vorsichtig mit einer Schaumkelle aus dem Wasser heben, abtropfen lassen, noch heiß in den geriebenen Nüssen wenden, mit saurer Sahne beträufeln und mit Puderzucker bestreuen.

Beim Vorgänger des Gundel, im Restaurant Wampetich im Stadtwäldchen, waren diese mit Obst gefüllten Topfenknödel ein beliebtes Dessert. Das Rezept habe ich in einem alten Heft entdeckt und für das neue Restaurant Gundel wiedererstehen lassen.

Rigó Jancsi „mit Stradivari“

16 Stück

Zutaten

Für den Biskuitteig

3 Eier
60 g Zucker
60 g Mehl
20 g Kakaopulver

Für die Creme

800 g Schlagsahne
200 g Kochschokolade

Für die Schokoladenglasur

80 g Kochschokolade
1 Eßl. Sonnenblumenöl

Zubereitung

Biskuit

Die Eier trennen, das Eigelb mit der Hälfte des Zuckers in einer 2-Liter-Kuchenschüssel mit dem Schaumschläger schaumig rühren (10 Minuten) und beiseite stellen. Die Eiweiß in einer 2-Liter-Rührschüssel mit dem übrigen Zucker steif schlagen und auf die Eigelbmasse geben. Das mit dem Kakaopulver vermischte Mehl darübersieben und mit einem großen Kochlöffel vorsichtig einrühren.

Ein Backblech mit Backpapier auslegen, dünn mit Mehl bestäuben und den Biskuitteig darauf mit Hilfe eines Streichmessers zu einer 20 x 40 cm großen Teigplatte ausstreichen. In der vorgeheizten Röhre bei 180 °C 8-10 Minuten backen. Inzwischen die Creme zubereiten.

Creme

Die Kochschokolade in kleine Stücke brechen, in einen 2-Liter-Metallkessel geben und im Wasserbad unter ständigem Rühren schmelzen. Achtgeben, daß die Schokolade nicht zu warm wird. Die geschmolzene Schokolade aus dem Wasserbad nehmen, mit dem Schaumschläger $^1/_3$ der Schlagsahne einrühren und mit dem Kochlöffel vorsichtig die restliche Schlagsahne unterziehen.

Die ausgekühlte Biskuitplatte vom Backpapier ziehen und in 2 gleiche Teile schneiden. Die eine Biskuithälfte auf eine Kuchenplatte geben, gleichmäßig mit einer dicken Schicht Schokoladencreme bestreichen. Zügig arbeiten, denn die Creme wird schnell fest. In den Kühlschrank stellen.

Schokoladenglasur

Die Kochschokolade in einem Metallkessel zerbröckeln, das Öl zufügen und im Wasserbad schmelzen lassen. Die geschmolzene Schokolade über die zweite Biskuithälfte gießen und mit einem trockenen Messer glatt streichen. Fest werden lassen und die glasierte Biskuithälfte auf die mit Schokoladencreme bestrichene Biskuithälfte setzen.

Mit einem in heißes Wasser getauchten Messer in 5 x 5 cm große Quadrate aufschneiden.

Dieser allgemein beliebte Kuchen hat eine sehr romantische Geschichte: Er wurde nach dem berühmten Zigeunerprimas Rigó Jancsi aus dem ungarischen Dorf Pákozd benannt, der in Paris im „Alhambra" musizierte, als der unberechenbare Zufall den belgischen Fürsten Chimay und seine Gemahlin dorthin führte. Die Dame – die übrigens nicht, wie in einzelnen Chroniken behauptet, Französin war, sondern aus einer amerikanischen Familie stammte – verliebte sich in den jungen Zigeunerprimas, verließ ihren Gemahl und reiste mit ihm nach Ungarn. Sie quartierten sich in Székesfehérvár (Stuhlweißenburg) im Hotel Zum Ungarischen König ein und besuchten von dort aus auch Pákozd, das Heimatdorf des Rigó Jancsi. In jener Zeit kreiert ein ungarischer Zuckerbäcker dieses Schokoladencreme-Gebäck, und da er ein gutes Gespür für die damals noch gar nicht erfundenen „Public Relations" hatte, benannte er seine Konditorschöpfung nach Rigó Jancsi. Den Namen des Zuckerbäckers hat uns die Chronik leider nicht aufgezeichnet, Rigó Jancsi hingegen wurde – zumindest unter den Liebhabern feiner Desserts – eben durch diesen Kuchen „unsterblich".

Das Gundel präsentiert Rigó Jancsi „mit seiner Stradivari-Geige".

Taube im Käfig

Für 4 Personen

Zutaten

Für den Café bavaroise

100 g weiße Schokolade
$^1/_4$ Tasse süße Sahne
2 Eßl. Espresso
$^1/_4$ Teel. Gelatinepulver
200 g Schlagsahne

Für die Vanillesoße

30 g Vanillepuddingpulver
$1^1/_2$ Tassen Milch
75 g Zucker
$^1/_2$ Teel. Vanillezucker

Für die Taube

60 g Marzipan

Für den Karamelkäfig

90 g Mokka-Würfelzucker
1/2 Teel. Essig (10%ig)
Öl zum Bestreichen
1/4 Tasse Schokoladensoße
(s. Gundel-Palatschinken)

Zubereitung

Café bavaroise

In einem 1/2-Liter-Metallkessel im Wasserbad die weiße Schokolade schmelzen.

Die süße Sahne aufkochen und den Espresso dazugießen.

Das Gelatinepulver mit 1 Teel. Wasser anrühren und im Wasserbad solange erwärmen, bis sich die Gelatine auflöst.

Den heißen Milchkaffee zu der geschmolzenen Schokolade geben, mit dem Schaumschläger glatt verrühren und auf Zimmertemperatur abkühlen lassen. Dann vorsichtig die Schlagsahne unterziehen und mit der heißen Gelatine glatt verrühren.

4 Kuchenringe von 6 cm Durchmesser und 2,5 cm Höhe (z. B. Pogatschenausstecher) von innen dünn mit Öl bepinseln und den gefetteten Teil mit Puderzucker bestäuben.

Eine Kuchenplatte mit Butterbrotpapier belegen, die 4 Ringe daraufsetzen, mit Café bavaroise füllen und 1/2 Stunde zum Festwerden ins Tiefkühlfach geben, dann die Ringe von der erstarrten Creme abziehen und den Café bavaroise noch weiter im normalen Kühlschrank kühlen.

Vanillesoße

Das Puddingpulver in einer kleinen Schüssel mit 3 Eßl. Milch glatt verrühren. Die übrige Milch mit Zucker und Vanillezucker aufkochen.

Die heiße Milch unter ständigem Rühren mit dem Schaumschläger zu dem angerührten Puddingpulver gießen und noch 2-3 Minuten weiterrühren, bis die Soße abgekühlt ist.

Taube

Aus Marzipan 4 weiße Tauben formen.

Karamelkäfig

Einen 1-Liter-Stieltopf halb mit Wasser füllen, 2 Minuten kochen, dann das Wasser ausgießen.

In das so ausgekochte, saubere Gefäß den Würfelzucker, 2 Eßl. Wasser und den Essig geben. Bei mäßiger Hitze ohne Rühren solange kochen, bis der Zucker eine goldbraune Farbe bekommt und der Essig seinen Geruch verliert.

Eine Schöpfkelle von der Größe einer Tasse außen mit Alufolie verkleiden und mit Öl bestreichen. Sollte der Zucker inzwischen fest werden, nochmals erhitzen und flüssig machen, aber vorsichtig schmelzen, der Zucker darf nicht verbrennen!

Mit einem trockenen Eßlöffel geschmolzenen Zucker schöpfen, in dünnem Strahl gleichmäßige Linien auf die vorbereitete Schöpfkelle träufeln und so die Kellenwölbung netzartig mit Karamel überziehen.

Mit kleinen, behutsamen Bewegungen die Folie vom Karamel entfernen. Fertig ist der Taubenkäfig! 4 Karalmelkäfige anfertigen.

Servieren

Auf 4 Dessertteller Vanillesoße geben und den Boden des Tellers gleichmäßig mit der Soße überziehen. Rings um die Vanillesoße in dünnen Streifen Schokoladensoße träufeln und mit Hilfe eines Holzstäbchens in winzigen runden Bewegungen zu Schokoladenkreisen ausziehen.

In die Mitte der Soße den Café bavaroise geben, obenauf die Marzipantaube setzen und den Karamelkäfig darüberstülpen.

János Gundel kreierte dieses Dessert für das festliche Menü zur Einweihung des Mikszáth-Zimmers im Restaurant Erzherzog Stephan. Die „Taube im Käfig" verweist – wie alle Gänge des Menüs – auf eine Mikszáth-Novelle.

Dobos-Torte

16 Stück

Zutaten

Für den Biskuitteig
8 Eier
160 g Zucker
200 g Mehl
Öl zum Fetten des Backblechs

Für die Füllung

4 Eier
150 g Zucker
1 Teel. Vanillezucker
250 g Kochschokolade
250 g Butter

Für die „Dobos"-Karamelglasur

150 g Zucker

Zubereitung

Biskuittortenboden

Die Eier trennen. In einer 1-Liter-Schüssel die Eigelb und die Hälfte des Zuckers mit einem Schaumschläger schaumig schlagen (etwa 20 Minuten, bis das Eigelb eine helle Farbe bekommt).

Die Eiweiß in einem 3-Liter-Kessel mit dem übrigen Zucker steif schlagen, die Eigelbmasse mit einem Kochlöffel vorsichtig unterziehen und behutsam das Mehl einrühren, so daß der Eischnee nicht zerfällt.

Ein Backblech dünn mit Öl fetten und mit etwas Mehl bestäuben. Mit dem Ring einer Springform auf dem Blech einen Kreis von etwa 23 cm Durchmesser markieren, 1/6 des Biskuitteigs in die Mitte geben, den Teig mit dem Messer bis zum Rand des markierten Ringes gleichmäßig 3 mm dick ausstreichen und in der vorgeheizten Röhre bei 180 °C 8-10 Minuten hellbraun backen. Mit einem breiten Konditormesser die gebackene Tortenplatte vom Blech heben und beiseite stellen.

Auf diese Weise aus dem Biskuitteig 6 Tortenplatten backen. Zum Schluß mit Hilfe des Springformringes die Biskuitplatten auf einem Kuchenbrett gleichmäßig rund abstechen.

Füllung

In einem 3-Liter-Kessel Eier, Zucker und Vanillezucker mit dem Schaumschläger verrühren. Im Wasserbad unter ständigem Rühren auf 40-45 °C erwärmen. Aus dem Wasserbad nehmen, schaumig schlagen und beiseite stellen.

Die Kochschokolade zerblöckeln und in einem kleinen Kessel im Wasserbad unter Rühren mit dem Kochlöffel schmelzen lassen. Achtgeben, daß die Schokolade nicht zu warm wird.

Die weiche Butter mit der geschmolzenen Schokolade schaumig schlagen und mit dem Eischaum glatt verrühren. 1 Tasse Creme beiseite stellen, die übrige Creme gleichmäßig auf 5 Biskuittortenplatten verteilen, die mit Creme bestrichenen Tortenplatten übereinander setzen, mit der zurückbehaltenen Creme die Torte seitlich bestreichen und für 1-2 Stunden in den Kühlschrank stellen.

„Dobos"-Karamelglasur

In einem 1½ -Liter-Stieltopf den Zucker unter Rühren mit dem Kochlöffel goldbraun karamelisieren. Mit Hilfe eines mindestens 3 cm langen, mit Butter gefetteten Streichmessers die 6. Tortenplatte obenauf gleichmäßig mit dem Karamel bestreichen. Mit der Messerspitze auf der noch warmen Karamelschicht 16 Tortenstücke markieren und die Tortenplatte an den Markierungen aufschneiden.

Anmerkung: Mit dem „Dobos"-Karamel muß sehr schnell gearbeitet werden, denn die Glasur bricht leicht.

Servieren

Wenn die Torte abgekühlt ist, in 16 Tortenstücke aufschneiden und auf jedes Stück obenauf ein „Dobos"-Karamelglasurstück setzen.

C. József Dobos, geboren in 1847, eröffnete 1878, in Budapest ein phantastisches Lebensmittelgeschäft, wo er mehr als sechzig verschiedene Käsesorten und zweiundzwanzig Sorten Sekt vorrätig hatte, ausserdem gelang es ihm, alle nur erdenklichen saisonalen Delikatessen zu importieren. In diesem Laden kreirte und verkaufte er 1885 seine berühmte Dobos Torte. Er ersann eine Verpackung, in der die Delikatesse ins Ausland verschickt wurde. Schon bald fing man überall an, die Torte nachzuahmen, meistens mit kläglichen Ergebnissen. Dies veranlasste ihn im Jahre 1906 das authentische Rezept preiszugeben, in dem es der Budapester Gilde der Konditoren und Lebküchner schenkte. Die Sensation des Millenniumsausstellung im Jahre 1896 war der Dobos-Pavillon, und es ist nicht schwer zu erraten was dort gebacken und angeboten wurde.

Ilona-Torte

12 oder mehr Stück

Zutaten

140 g halbbittere Schokolade
225 g Zucker
6 Essl. Butter
8 in Eiweiß und Eigelb getrennte Eier
225 geriebene Walnüße
2 Essl. weisses Paniermehl
1 Prise Salz
1 Teel. Eiswasser
Butter, Mehl
Mokkafüllung (siehe S. 171)
2 Essl. gehackte Wallnüße

Zubereitung

Dem Ofen auf 190 °C verheizen. Schokolade mit Zucker und 60 ml Wasser unter ständigem Rühren erhitzen. Das dauert 5 bis 5 Minuten. Auf der Platte weiter rühren, bis ein Sirup ensteht.

In einer Rührschüssel Butter und Eigelbe schaumig rühren. Schokoladensirup, geriebene Walnüße und Paniermehl hingeben.

Die Eiweiße mit Salz und Eiswasser so steif schlagen dass der Löffel darin stehenbleibt. Sehr, sehr vorsichtig unter die Schokoladenmasse heben.

Eine 7 bis 8 cm tiefe Tortenform von 25 cm Durchmesser mit Butter fetten und mit Mehl ausstreuen. Überflüssiges Mehl ausschütteln. Den Teig hineingiessen und im vergeheizten Ofen 20 bis 25 Minuten backen. Ganz abkühlen lassen.

Die Füllung bereiten.

Die Torte wagerecht halbieren. Hälfte der Füllung dazwischengeben, mit dem Rest die Torte überziehen. Gehackte Wallnüße daraufstreuen. Gekühlt servieren.

Mokkafüllung

120 g halbbittere Schokolade
60 ml sehr starker Espresso
1/2 Teel. Instantkaffee
2 Eigelb
150 g Butter
75 g mit Puderzucker
zubereiteter Vanillezucker

Schokolade und Kaffee ein paar Minuten zusammen erhitzen, bis die Schokolade geschmolzen ist und eine gute Masse entsteht. Ganz abkühlen lassen.

In einer Rührschüssel Eigelbe, Butter und Zucker schäumig rühren.

Die Schokoladenmasse einrühren.

Dieses Rezept habe ich von New York erhalten – und damit ist es in sein Heimatland zurückgekehrt. Diese Torte wurde ursprünglich von der Mutter von Georg Lang die Ilona hieß für besondere Anläße zubereitet. Nach einem grossen Erfolg im Café des Artistes in New York und in anderen Restaurants und Konditereien in den Vereinigten Staaten, brachte Georg Lang die Torte nach Ungarn zurück. Das Rezept wurde aus dem Kochbuch „Die klassische ungarische Küche“ von Georg Lang, übernomen.

Käsetorte mit heißen Früchten

12 Stücke

Zutaten

Für den Teig

100 g Butter
80 g Puderzucker
1 Ei, 250 g Mehl
50 g Walnüsse, grob gehackt
50 g Mandeln
in Scheiben geschnitten
50 g brauner Zucker

Für die Käsecreme

550 g Cremekäse
50 g Stärke

300 g saure Sahne
2 Eßl. Amaretto Likör
1 Teel. Vanillezucker
abgeriebene Schale von 2 Zitronen
3 Eier
200 g Zucker

Für das Obstkompott

100 g Zucker
50 g Butter
1 Tasse halbsüßer Weißwein
(Gundel Tokajer Lindenblättriger)
200 g Äpfel, geschält, entkernt
und kleingewürfelt
200 g Orangen, geschält und kleingeschnitten
200 g Sauerkirschkompott, entsteint

Zubereitung

Teig

Die Hälfte der Butter mit dem Puderzucker zerkrümmeln. Schnell mit kühlen Händen arbeiten, damit die Butter nicht schmilzt. Eier und Mehl zufügen und zu einem Streuselteig kneten. Den Teig gleichmäßig auf ein Backblech krümeln und in der vorgeheizten Röhre bei 180 °C 3-4 Minuten hell anbräunen. Während des Backens den Teig hin und wieder mit dem Kochlöffel zerstoßen, so daß es größere Streuselstücke bleiben. Abkühlen lassen, auf dem Kuchenbrett mit der Kuchenrolle grob zerstoßen und beiseite stellen.

Nüsse und Mandeln in der Röhre anbräunen und abkühlen lassen. In einer 3-Liter-Schüssel die restliche Butter mit dem braunen Zucker glatt verrühren und den grob zerbröckelten Streusel sowie Nüsse und Mandeln einarbeiten.

Eine Springform von etwa 23 cm Durchmesser mit Alufolie auslegen und die Streusel-Nuß-Mandel-Masse gleichmäßig darin verteilen. Gut andrücken.

Käsecreme

Die Zutaten für die Käsecreme in einer 3-Liter-Schüssel mit dem Handmixer oder mit dem Schaumschläger schaumig rühren. Die Creme auf den Tortenboden streichen, die Springform in die Röhre geben und bei 150 °C $2\frac{1}{2}$ Stunden backen. Ab und zu die Röhre öffnen, damit der Dampf entweichen kann.

Obstkompott

In einer Pfanne von 20-25 cm Durchmesser den Zucker bei mittlerer Hitze goldbraun karamelisieren, die Butter zufügen und den Weißwein zugießen. Solange erhitzen, bis der Zucker vollkommen aufgelöst ist. Apfelstücke, Orangenstücke und Sauerkirschen dazugeben, aufkochen und heiß anrichten.

Anmerkung: Die Obstsorten können entsprechend der Saison variiert werden.

Servieren

Wenn die Torte am Vortag gebacken wird, läßt sie sich leichter aufschneiden.

Die Torte kalt in 12 Stücke schneiden und vor dem Anrichten in der Röhre erwärmen. Zu den Tortenstücken das heiße Obstkompott reichen.

Soßen und Beilagen

Vinaigrette

Für 4 Personen

Zutaten

2 Eßl. Honig
½ Tasse heller Weinessig
⅛ Tasse Olivenöl, Salz
weißer Pfeffer, frisch gemahlen
2 Eßl. Estragonblätter, feingewiegt
2 Eßl. Kapern, feingehackt
3 Eßl. Petersilie, feingewiegt
2 Eßl. Porree, kleingeschnitten
5 Eßl. Delikateßgurken, kleingewürfelt

Zubereitung

In einem ½-Liter-Stieltopf den Honig aufkochen, vom Feuer nehmen und mit einem kleinen Schaumschläger Weinessig, Olivenöl, Salz und Pfeffer darin verrühren.

Zum Schluß die übrigen Zutaten gründlich einrühren.

Gut gekühlt in einer Sauciere reichen. Die Vinaigrette paßt sehr gut zu kaltem Spargel oder zu Fisch.

Gribiche-Soße

Für 4 Personen

Zutaten

2 hartgekochte Eier
1 Teel. Senf, Salz
weißer Pfeffer, frisch gemahlen

½ Tasse Olivenöl
1 Eßl. heller Weinessig
1 Eßl. Delikateßgurken, kleingewürfelt
1 Eßl. Kapern, kleingeschnitten
1 Eßl. Porree, kleingeschnitten
1 Eßl. Petersilie, feingewiegt
1 Eßl. Estragonblätter, feingewiegt

Zubereitung

Die kalten hartgekochten Eier schälen, halbieren, das Eidotter herausnehmen und in einer kleinen ½-Liter-Schüssel mit der Gabel zerdrücken.

Das hartgekochte Eiweiß in dünn Streifen schneiden und auf einem kleinen Teller beiseite stellen.

In eine 2-Liter-Schüssel 1 Tasse Eiswürfel geben und die kleine Schüssel mit dem zerdrückten Eidotter in die Eiswürfel stellen. Senf, Salz und Pfeffer zufügen und mit einem kleinen Schaumschläger tropfenweise das Olivenöl einrühren. Gut durcharbeiten, so daß die Masse wie Mayonnaise aussieht. Dann den Weinessig und die übrigen Zutaten dazugeben und zum Schluß mit dem in Streifen geschnittenen Eiweiß vermengen.

Servieren

Kalt in einer Saucière reichen.

Die Gribiche-Soße paßt sehr gut zu kalten Gerichten, z. B. zu geräuchertem oder gekochtem Fisch und Fleisch oder zu Spargel.

Kalte Salbeisoße

Für 4 Personen

Zutaten

2 Eigelb
2 Eßl. Senf
1 Tasse Sonnenblumenöl
4 Eßl. Petersilie, feingewiegt
4 Eßl. Salbei, feingewiegt
$\frac{1}{2}$ Tasse Olivenöl
Salz
weißer Pfeffer, frisch gemahlen
Saft von 1 Zitrone
$\frac{1}{2}$ Tasse Kefir

Zubereitung

In einer kleinen Schüssel mit dem Schaumschläger Eigelb und Senf verrühren. Unter ständigem Rühren in dünnem Strahl das gekühlte Sonnenblumenöl zufügen und eine Mayonnaise von dichter Konsistenz zubereiten.

Petersilie, Salbeiblätter und Olivenöl im Mixer pürieren und zu der Mayonnaise geben. Salzen, pfeffern, mit Zitronensaft säuern und mit dem Schaumschläger das Kefir dazurühren.

Die Salbeisoße paßt zu kalten Fischgerichten.

Fischfond

Für 4 Personen

Zutaten

800 g Fischgräten und -köpfe
4 schwarze Pfefferkörner
1/4 Zitrone

Zubereitung

In einem 3-Liter-Kochtopf die Fischgräten und -köpfe mit 1 l Wasser, Pfefferkörnern und Zitrone zum Kochen aufsetzen und bei mittlerer Hitze ungefähr 1/2 Stunde kochen, dabei auf 1/4 reduzieren.

Durch ein Leintuch seihen.

Es ergibt 1 Tasse Fischfond.

Kalbsfond

1 Liter

Zutaten

4 Eßl. Sonnenblumenöl
2 kg Kalbsknochen, in kleine Stücke (von etwa 10 cm) gehauen – am besten Rückenknochen, Gelenkknochen und Sehnen
1 Stengel Selleriegrün
1 Stengel Petersilie
1 Lorbeerblatt
1/2 Teel. schwarzer Pfeffer, grob zerstoßen

1 Teel. Zucker
50 g Zwiebeln, feingehackt
50 g Sellerie, in 1,5 cm große Stücke geschnitten
100 g Möhren,
in 1,5 cm große Stücke geschnitten
100 g Petersilienwurzeln,
in 1,5 cm große Stücke geschnitten
1 Eßl. Tomatenmark

Zubereitung

In einem 8-Liter-Kochtopf die Knochen unter ständigem Rühren in 3 Eßl. Öl anbräunen (oder in der Röhre bei 200 °C trocken rösten).

Sind die Knochen schön braun geröstet, das Fett ablaufen lassen und die Knochen abkühlen.

Die kalten Knochen wieder in den Topf geben, in dem sie gebräunt wurden, mit 4 l kaltem Wasser begießen, aufkochen und bei schwacher Hitze 3 Stunden köcheln lassen. Während des Kochens mehrmals das Fett und den Schaum abschöpfen.

Nach 3 Stunden Kochzeit Selleriegrün, Petersilie, Lorbeerblatt und Pfefferkörner zufügen.

In einer 2-Liter-Pfanne den Zucker karamelisieren, 1 Eßl. Öl dazugeben, Zwiebeln und Wurzelwerk darin anbräunen und schließlich unter ständigem Rühren das Tomatenmark darin anrösten. Mit 1/2 Tasse Wasser ablöschen und zu den köchelnden Knochen geben. Noch 1 Stunde köcheln lassen. Weiterhin obenauf entfetten und abschäumen.

Schließlich vom Feuer nehmen und durch ein feingewebtes Leintuch seihen.

Abkühlen lassen, so daß das noch verbliebene Fett leicht von der Oberfläche entfernt werden kann.

Braune Soße

3 Tassen

Zutaten

1 Eßl. Sonnenblumenöl
50 g Zwiebeln, feingehackt
50 g Möhren,
in 1,5 cm große Stücke geschnitten
50 g Petersilienwurzeln,
in 1,5 cm große Stücke geschnitten
50 g Sellerie,
in 1,5 cm große Stücke geschnitten
1 Teel. Tomatenmark
1 l Kalbsfond (s. S. 179)
2 Eßl. Mehl

Zubereitung

In einem 2-Liter-Topf das Öl erhitzen und unter ständigem Rühren Zwiebeln und Wurzelwerk darin anrösten, bis sie eine schöne braune Farbe haben. Das Tomatenmark zufügen, ebenfalls 2-3 Minuten anrösten und den Kalbsfond dazugießen.

Das Mehl in einer kleinen Pfanne unter Rühren mit dem Kochlöffel ohne Fett gleichmäßig anbräunen, vom Feuer nehmen und noch etwas weiterrühren, damit das Mehl am Boden der Pfanne nicht verbrennt. Wenn es abgekühlt ist, portionsweise in die Soße geben und mit dem Schaumschläger verrühren. Es dürfen sich keine Mehlklumpen bilden! Bei schwacher Hitze 1 Stunde kochen lassen. Dabei entfetten und abschäumen. Schließlich durch ein feines Sieb seihen, das Wurzelwerk mit $1/3$ Tasse Wasser abspülen und ebenfalls der Braunen Soße zufügen.

Glace de viande

1 Tasse

Zutaten

1 l Kalbsfond (s. S. 179)

Zubereitung

In einem 1½-Liter-Topf den Kalbsfond schön langsam köcheln lassen, obenauf ständig abschäumen und den Kalbsfond auf die Hälfte reduzieren.

In ein kleineres Gefäß umgießen und wieder auf die Hälfte reduzieren. Die Glace erhält eine dicke, sirupartige Konsistenz.

Glace de viande wird zur Zubereitung und Verfeinerung von Soßen verwendet.

Im Kühlschrank erstarrt sie zu einer festen Sülze und kann bis zu 1 Woche aufbewahrt werden. Soll sie noch länger haltbar bleiben, dann mit dem Messer in kleine Würfel schneiden, in Folie wickeln und ins Tiefkühlfach legen.

Demiglace

3 Tassen

Zutaten

3 Tassen Kalbsfond
(s. S. 179)
3 Tassen Braune Soße
(s. S. 181)
2 Eßl. Glace de viande
(s. S. 182)

Zubereitung

In einem 1-Liter-Stieltopf den Kalbsfond bei schwacher Hitze auf $^{1}/_{3}$ reduzieren. Die Braune Soße dazugießen und langsam $^{1}/_{2}$ Stunde köcheln lassen. Dann die Glace de viande zufügen, noch ein paar Minuten kochen, vom Feuer nehmen und durch ein Leintuch seihen.

Aus der Demiglace lassen sich mit Wein, Gewürzen und süßer Sahne sehr viele gute Soßen zubereiten.

Rotwein-Pilz-Soße

Für 4 Personen

Zutaten

1 Eßl. Zwiebeln, feingehackt
$^{1}/_{2}$ Tasse trockener Rotwein (Erlauer Merlot)
2 Eßl. Butter
200 g Waldpilze
(Steinpilze, Speisemorcheln),
in Scheiben geschnitten
Salz
weißer Pfeffer, frisch gemahlen
1 Tasse Demiglace (s. S. 182)

Zubereitung

In einem kleinen Stieltopf die Zwiebeln bei mittlerer Hitze in Rotwein kochen, bis der Wein auf $^{1}/_{4}$ reduziert ist. Dann die Butter und die Pilze zufügen, 2-3 Minuten dünsten, salzen, pfeffern, die Demiglace dazugießen und noch 4-5 Minuten bei schwacher Hitze kochen lassen.

Malteser Soße

Für 4 Personen

Zutaten

4 Eigelb
4 Eßl. Blutorangensaft
Orangenschale
in dünne Streifen geschnitten
1 Prise Salz
$^1/_2$ Tasse trockener Weißwein
200 g Butter

Zubereitung

In einem kleinen Kessel die Eigelb mit dem Blutorangensaft und 1 Prise Salz verrühren.

Die Orangenschale 2-3 Minuten in dem Weißwein kochen.

Die Butter in einem kleinen Topf anbräunen und durch ein feines Sieb seihen.

Die Eigelb unter Rühren mit dem Schaumschläger im Wasserbad eindicken, den Weißwein von den Orangenschalen dazuseihen und in dünnem Strahl unter ständigem Rühren die heiße Butter hineingießen. Aus dem Wasserbad nehmen, noch einige Minuten rühren, damit die Soße nicht zusammenrinnt, und schließlich die Orangenschalenstreifen hineirühren.

Knoblauchkompott

Für 4 Personen

Zutaten

1 Lorbeerblatt
2 Nelken
5 schwarze Pfefferkörner
1 Stückchen Ingwer
200 g Knoblauch, küchenfertig geputzt
$^1/_2$ Tasse Zucker
2 Tassen Weißwein
1 Teel. Weizenstärke

Zubereitung

Die Gewürze in einer $^1/_2$ Tasse Wasser aufkochen und bei schwacher Hitze 10 Minuten köcheln lassen. Wenn das Wasser zu stark verdunstet, nachgießen. Es soll $^1/_4$ Tasse Gewürzauszug ergeben.

Die Knoblauchzehen in einer Schaumkelle 2 Minuten in siedend heißem Wasser blanchieren.

In einem 2-Liter-Topf bei mäßiger Hitze unter ständigem Rühren den Zucker karamelisieren (etwa 3 Minuten), bis er eine schöne braune Farbe bekommt. Dann den Weißwein dazugießen und noch solange kochen, bis sich der Zucker auflöst.

Den Gewürzauszug in den Karamelwein seihen, die überbrühten Knoblauchzehen dazugeben und bei mittlerer Hitze 15 Minuten dünsten.

Die Weizenstärke in einer Tasse mit 1 Eßl. Wasser anrühren, unter ständigem Rühren zu dem Knoblauch geben, noch

2 Minuten kochen lassen und schließlich in ein verschließbares Glas (Einweckglas) füllen.

Nach dem Abkühlen kann das Knoblauchkompott wochenlang im Kühlschrank aufbewahrt werden.

Lauwarm erwärmt eignet sich das Knoblauchkompott zu Bratengerichten, vor allem zu Lammbraten.

Wichtig ist, daß es lauwarm und nicht heiß serviert wird, denn nur so kommt sein feiner Geschmack voll zur Geltung.

Gezupfte Nudeln

8 Portionen - als Suppeneinlage

Zutaten

100 g Mehl
1 Ei
Salz

Zubereitung

In eine Schüssel von etwa 1 Liter Fassungsvermögen $^2/_3$ des Mehls sieben, in die Mitte eine Vertiefung drücken, das Ei hineinschlagen, salzen und die Zutaten zu einem festen Teig verkneten.

Das restliche Mehl kann dazu verwendet werden, den Teig bei Bedarf noch fester zu kneten oder die gezupften Nudeln zu bestreuen, damit sie nicht zusammenkleben.

Auf ein bemehltes Brett den Teig in etwa 3 mm große Stücke zupfen, von Zeit zu Zeit mit dem restlichen Mehl bestreuen. Die Nudeln in etwa 1,5 l siedend heißer Suppe, Brühe oder Salzwasser ungefähr 5 Minuten ziehen lassen. Wenn sie an die Oberfläche kommen, sind sie gar. Die in Salzwasser gekochten gezupften Nudeln in ein Sieb abgießen und mit kaltem Wasser abschrecken.

Anmerkung: Für 4 Portionen Gulaschsuppe ist von der angegebenen Menge für gezupfte Nudeln aus 1 Ei die Hälfte ausreichend. Die andere Hälfte kann auf einem bemehlten Brett ausgebreitet, getrocknet und für die nächste Suppe aufbewahrt werden.

Getrocknete gezupfte Nudeln müssen 10-12 Minuten kochen.

Nockerln

4 Portionen

Zutaten

300 g Mehl
2 Eier
4½ Teel. Salz
1 Eßl. Sonnenblumenöl

Zubereitung

In einem 5-Liter-Kochtopf 2,5 l Wasser mit 4 Teel. Salz zum Kochen bringen.

In einer Teigschüssel das Mehl mit den Eiern, ½ Teel. Salz und ⅔ Tassen Wasser verarbeiten. Wenn das Wasser zu sieden beginnt, ¼ des Teigs auf ein angefeuchtetes Küchenbrett geben, mit einem in Wasser getauchten Messer einen fingerdicken Streifen von dem Teig abtrennen, das Messer erneut in Wasser tauchen und 5 mm große Nockerln von dem Teigstreifen in das siedend heiße Wasser abstechen.

Auf die Weise den ganzen Nockerlnteig zu Nockerln formen. Während des Nockerlnabstechens das Kochwasser mehrmals umrühren. Wenn das Wasser wieder zu kochen beginnt und die Nockerln an die Wasseroberfläche kommen, die gegarten Nockerln in ein Sieb abgießen und mit warmem Wasser abspülen. Gut abtropfen lassen, in dem Öl wenden und anrichten.

Diese Zubereitungsart der Nockerln habe ich noch von meiner Großmutter gelernt. Es gibt auch eine spezielle Nokkerlnreibe, durch die der Teig über dem siedend heißen Wasser einfach hindurchgedrückt wird.

Naturreis-Konfetti

Für 4 Personen

Zutaten

120 g Naturreis
1 Teel. Salz
3 Eßl.
Sonnenblumenöl
100 g Porree,
in 4 mm große Würfel geschnitten
80 g Pilze,
in 4 mm große Würfel geschnitten
100 g verschiedenfarbige
(rote, grüne) Paprikaschoten,
in 4 mm große Würfel geschnitten
schwarzer Pfeffer, frisch gemahlen
2 Eßl.
Petersilie,
feingewiegt

Zubereitung

Den Reis in einem 2-Liter-Kochtopf in 1 l Salzwasser zugedeckt bei schwacher Hitze 40 Minuten kochen. Wenn der Reis gar ist, abgießen.

In einer Pfanne von 20 cm Durchmesser das Öl erhitzen, den Porree darin goldbraun anbräunen, Pilze und Paprikaschoten zufügen, salzen, pfeffern, mit Petersilie würzen und 4-5 Minuten dünsten. Schließlich mit dem gekochten Reis verrühren und bis zum Servieren warm halten.

Kartoffelkroketten

Für 8 Personen

Zutaten

1 kg Kartoffeln, geschält, Salz, 4 Eigelb
40 g Kartoffelflocken
Muskat, gerieben
Semmelbrösel
1 l Sonnenblumenöl zum Fritieren

Zubereitung

In einem 2-Liter-Topf die Kartoffeln in Salzwasser gar kochen und abgießen. In einer 3-Liter-Schüssel stampfen und mit dem Schaumschläger solange pürieren, bis die Kartoffeln abgekühlt sind.

Das Kartoffelpüree mit den Eigelb und den Kartoffelflocken verarbeiten und mit Salz und Muskat abschmecken.

Den Kartoffelteig mit der Hand zu Kugeln oder Rollen formen, in eine mit Semmelbröseln ausgestreute Schüssel geben und schließlich die Kroketten in siedend heißem Öl ausbacken.

Gebratene Zwiebelkartoffeln

Für 4 Personen

Zutaten

500 g Kartoffeln, geschält
Salz
1/4 Tasse Sonnenblumenöl
100 g Zwiebeln,
kleingehackt
weißer Pfeffer,
frisch gemahlen
1 Eßl.
Sonnenblumenöl zum Braten
1 Eßl.
Semmelbrösel

Zubereitung

Die Kartoffeln in Salzwasser garen und abgießen. 5 Minuten ausdampfen lassen, dann grob stampfen.

In einem kleinen Topf 1/4 Tasse Öl erhitzen, die Zwiebeln darin bei mittlerer Hitze unter Rühren mit dem Kochlöffel goldbraun rösten, die Zwiebelschwitze zu den Kartoffeln rühren und mit Salz und Pfeffer abschmecken.

Eine beschichtete Teflon-Pfanne mit 1 Eßl. Öl fetten, mit Semmelbröseln bestreuen und die Zwiebelkartoffeln hineingeben, fest in die Pfanne drücken und bei mittlerer Hitze braun rösten. Den Kartoffelkuchen auf einen Teller stürzen, wieder in die Pfanne zurückgleiten lassen und die andere Seite braun rösten.

In 4 Stücke schneiden und heiß servieren.

Knusprig gebratene Zwiebelringe

Für 4 Personen

Zutaten

400 g Zwiebeln (etwa 4 Stück)
50 g Mehl, 1 l Sonnenblumenöl

Zubereitung

Die Zwiebeln in 1 mm dünne Ringe schneiden. Wenn möglich mit einem Zwiebelschneider oder einem scharfen Hobel, damit die Ringe recht gleichmäßig werden.

Die Zwiebelenden für Suppen oder Soßen verwenden.

Die Zwiebelringe in einer kleinen Pfanne ausbreiten, mit Mehl bestäuben und mit der Hand umwenden. Die Zwiebeln zerfallen dabei in einzelne Ringstreifen und werden gleichmäßig bemehlt.

In einem 2-Liter-Topf das Öl erhitzen und die Hälfte der Zwiebelringe in das heiße Öl geben. Bei mäßiger Hitze bräunen, dabei mit der Gabel hin und her wenden, damit die Zwiebeln von allen Seiten schön braun werden. Sind sie knusprig geröstet, mit dem Schaumlöffel aus dem Fett heben und abtropfen lassen. Die andere Hälfte der Zwiebeln ebenso knusprig rösten.

Die gerösteten Zwiebeln auf saugfähiges Küchenpapier streuen, damit das überflüssige Fett aufgesaugt wird.

Verzeichnis der Rezepte

Inhaltsverzeichnis

ISBN 963 9022 57 8

Ausgabe der Druckerei Kossuth AG., Pallas Stúdió Budapest

Für die Verlag- und Druckereiarbeiten verantwortlich:
KÁROLY SZÉKELY
Präsident-Generaldirektor

Technischer Leiter
FERENC SKOLLÁR

Zeichnungen
MARIANN LŐRINCZI

Technischer Redakteur
ATTILA ZARUBAY

Gesammtherstellung: Druckerei Kossuth AG.
Budapest, Ungarn

77 REZEPTE

GUNDEL

NEUES UNGARISCHES KOCHBUCH

1980-

77 REZEPTE

GUNDEL

NEUES UNGARISCHES KOCHBUCH